सुजाता

हिन्दी के पहले सामुदायिक स्त्रीवादी ब्लॉग 'चोखेरबाली' से शुरू कर स्त्रीवादी आलोचना की सैद्धांतिकी लिखने तक सुजाता ने लम्बा सफ़र तय किया है। एक कविता संकलन *अनंतिम मौन के बीच* और उपन्यास *एक बटा दो* के अलावा स्त्री विमर्श की एक पुस्तक *स्त्री निर्मिति* और आलोचना की एक किताब *आलोचना का स्त्री पक्ष* प्रकाशित। कविता के लिए कई सम्मान और पुरस्कार।

सम्प्रति : दिल्ली विश्वविद्यालय में एसोशिएट प्रोफ़ेसर

सम्पर्क : chokherbali78@gmail.com

दुनिया में औरत

(स्त्री संघर्षों का वैश्विक परिप्रेक्ष्य)

सुजाता

सम्पादन

अशोक कुमार पाण्डेय

राजपाल

स्थापित 1912
100 वर्षों की
श्रेष्ठ प्रकाशन परम्परा
राजपाल

₹ 285

ISBN : 9789393267023

पहला संस्करण : 2022, दूसरा संस्करण : 2024

DUNIYA MEIN AURAT (Women Studies) by Sujata

मुद्रक : जी. एस. ऑफसेट, दिल्ली

राजपाल एण्ड सन्ज़

1590, मदरसा रोड, कश्मीरी गेट, दिल्ली-110006

फोन : 011-23869812, 23865483, 23867791

e-mail : sales@rajpalpublishing.com

www.rajpalpublishing.com

www.facebook.com/rajpalandsons

क्रम

हलफ़नामा

मैं, सुजाता, वल्द भाग्यदेवी मेहता, हालमुकाम दिल्ली, स्वीकार करती हूँ कि मैंने अपनी ज़िन्दगी को काफ़ी मुश्किल बना लिया है और यह कि मेरा जीवन विडम्बनाओं से भरा पड़ा है और मरते दम तक मुझे चैन नहीं मिलने वाला। मेरे चंद हितैषी यह भी कहते हैं कि मेरे पास एक सुकूनभरी ज़िन्दगी थी और मैंने उसे जानते-बूझते नष्ट किया। उनका मानना है कि मैं अब खोखली चीज़ों, जैसे सामुदायिक जुड़ाव, स्त्री-स्वातंत्र्य, मुक्ति के साझा स्वप्न और लेखन के पीछे भाग रही हूँ।

एक बेहद क़रीबी अभिशप्त तक कह डालते हैं।

लेकिन यही मेरा रास्ता था, इसी पर चलने की तड़प के साथ मैंने सपने देखे थे। बस इसी पर मैं चल सकती हूँ। बस इसी से मिलने वाली खुशी मेरे दिल तक उतरती है। और इस राह पर मैं अकेली नहीं हूँ।

भूमिका

कम्युनिस्ट पार्टी के घोषणा-पत्र में पहला वाक्य खुलता है- यूरोप को एक भूत आतंकित कर रहा है। कम्युनिज़्म का भूत। इस भूत को भगाने के लिए जैसे ज़ार, पोप, यूरोप के बूढ़े सत्ताधारी एक हो गए हैं। ठीक इसी तर्ज़ पर इस स्त्री-विरोधी समय में पूरी दुनिया को स्त्रीवाद का भूत आतंकित कर रहा है। तमाम दक्षिणपंथी विचारधाराएँ, सत्ताएँ और पितृसत्ताएँ एक हो गई हैं। स्त्री-विरोधी और स्त्रीवाद-विरोधी वातावरण रोज़ तैयार किया जा रहा है भ्रामक जानकारियों और दुष्प्रचार के साथ, जिसमें मीडिया की भूमिका अहम हो गई है। महिला दिवस को बाज़ार का ईवेंट बनाने की कोशिश नव-उदारवाद के दौर में एक बड़ी चुनौती बन गई। स्त्रीवाद को उसके ऐतिहासिक-राजनीतिक संदर्भों से काटकर इस रूप में परोसा जाता है कि वह एक फ़ैशन लगे, ऐसा 'फ़िट टू ऑल' संस्करण जिसे कहीं भी लागू किया जा सके। 'चयन के अधिकार' को अपने हिसाब से परिभाषित करके बाज़ार निर्धारित कर रहा है न कि स्त्रीवादी मूल्य। 'फ़ेमिनाज़ी' जैसे शब्द गढ़ लिए गए और दुष्प्रचार करते हुए समझाने की कोशिश की गई कि स्वार्थ, सुविधा, महत्त्वाकांक्षा और पुरुष-विरोध ही स्त्रीवाद है। सबके जैसी सुविधा पाना अधिकार है और महत्त्वाकांक्षा मानवीय गुण है। हक़ की बात करने पर स्वार्थी कह दिया जाता है और राज्य की कल्याणकारी योजनाओं को ख़ैरात!

ऐसे में लगातार ज़रूरत महसूस होती है कि उस इतिहास को सामने रखा जाए जिसकी बदौलत आज की स्त्री अपेक्षाकृत आज़ाद और आत्मनिर्भर है। जो अपना इतिहास नहीं जानता वह इतिहास से सही सवाल नहीं पूछ सकता। जो अपना इतिहास नहीं जानता उसे वर्तमान में भ्रमित करना सबसे आसान होता है। अक्सर कहा जाता है स्त्रीवाद विदेशी है उसका भारत की ज़मीन से कोई लेना-देना नहीं। इस किताब में मैंने ऐसे तमाम ऐतिहासिक प्रसंग सामने रखे हैं जिन्हें पढ़कर समझा जा सकता है कि औरत के दोयम सेक्स बनने की कहानी में कितनी समानताएँ हैं। अलग-अलग होते हुए भी महिलाओं के संघर्षों ने एक-दूसरे को प्रभावित

किया और प्रेरित किया।

यह एक कोशिश है यह बताने की कि दुनिया के किसी कोने में स्त्रियों को बराबरी के हक़ ख़ैरात में नहीं मिले बल्कि संघर्षों का नतीजा हैं। यह दुनिया की एकमात्र ऐसी क्रांति थी जिसने एक बूँद ख़ून बहाए बिना समाज को बदलने की कोशिश की। जो हिम्मत करेगी आगे बढ़ेगी, यह तो ठीक है लेकिन स्त्रियों के साझा संघर्ष इस बात के लिए थे कि व्यवस्था की नींव ही बराबरी और न्याय पर बने। जेंडर-बराबरी के लिए स्त्री को असाधारण रूप से योग्य, मर्दानी, झाँसी की रानी होना पड़ेगा यह ख़ारिज करने योग्य बात है। यह हर औरत का हक़ है कि उसे बराबर काम की बराबर तनख्वाह मिले, सम्मान मिले, बराबरी मिले, नागरिक अधिकार मिलें और एक मर्दवादी संरचना में एक अलग जेंडर होने की वजह से उसके रास्ते बंद न हों।

सूज़न बी. एंथनी, सावित्रीबाई फुले, पंडिता रमाबाई, बेगम रुकैया सखावत हुसैन, सोजोर्नर ट्रुथ, वर्जीनिया वूल्फ़, सिमोन द बोवा, केट मिलेट, बेट्टी फ्रीडन ऐसे तमाम लोग न्याय और बराबरी का संघर्ष कर रहे थे। उनकी चिंताएँ समस्त स्त्री जाति के लिए थीं। जो निजी था वह निजेतर भी था। कोई लड़ाई पराई नहीं थी। एक कोने में कोख, श्रम और देह के प्रश्नों से जूझती स्त्रियाँ दुनिया की तमाम स्त्रियों के प्रश्नों से जूझ रही थीं। सब पॉलिटिकल था जो भी निजी था। एक-दूसरे की मदद के बिना और साथ आए बिना एक भी छोटी जंग नहीं जीती जा सकती थी।

वैश्विक बहनापे (universal sisterhood) को हमें इसी ऐतिहासिक संदर्भ में देखना होगा। यह स्त्रीवाद का न सिर्फ़ एक ऐतिहासिक नारा है बल्कि उसका हासिल भी है। राष्ट्रीय आंदोलन में भारत की स्त्रियों ने विदेशी स्त्री-संगठनों से लगातार सम्पर्क बनाए रखे, सीखा, सिखाया और आगे बढ़ीं। फ़िलाडेल्फ़िया में पंडिता रमाबाई ने कहा कि क्या अमेरिकी बहनें अपनी भारतीय बहनों के दुख को मिटाने के लिए आगे नहीं आएँगी? और स्त्री-शिक्षा के लिए दुनिया भर में रमाबाई स्टडी सर्कल बन गए जो आज तक यहाँ मदद के लिए मुक्ति मिशन को फ़ंड भेजते हैं। यह वैश्विक बहनापा किसी हल्की परिभाषा में नहीं समाएगा। यह स्त्रीवाद को विदेशी कहकर हल्का करने वालों के लिए आघात की तरह है।

स्त्री-संघर्षों का इतिहास बेहद ओजस्वी, गरिमामय, साहसपूर्ण और स्मरणीय है। अक्सर ही स्त्रियों के बहुत से संघर्ष ऐसे रहे जो इतिहास की सतह के नीचे बड़वाग्नि से जलते रहे, जिनके बारे में कभी पता नहीं चला, जिन्हें हम भूले रहे,

जिन्हें सुनियोजित तरीकों से भुला दिया गया। ऐसी बहुत सी कहानियाँ रहीं जिनमें संघर्ष की आग भी थी और ज़िन्दगी का मधुर राग भी। पीड़ा भी और मुस्कान भी। स्त्रियों के जीवन, काम और संघर्ष तक भी कभी रसहीन नहीं हो सकते। पितृसत्ता ने औरतों को सबसे सख़्त, सबसे निर्मम, सबसे लम्बे इम्तिहानों से गुज़ारा और अकेला करने की ख़ूब कोशिशें कीं। उसने भी दिल में आँच दबाना सीखा। उसने भी आँच को चिंगारी बनाने के लिए चुपके से कभी किसी साथी स्त्री का हाथ पकड़ लिया। कभी सच में और कभी किसी किताब में उसे पढ़ते हुए और लैंगिक-भेदभाव के खाद-पानी से सिंची दुनिया की नज़रों में भ्रष्ट औरत बनी। इन्हीं नष्ट और भ्रष्ट औरतों ने इतिहास को अपने संघर्षों, यातनाओं और सफलातों से इंद्रधनुषी बना दिया। किसी चिट्ठी में, किसी आत्मकथा में, किसी जज के सामने भाषण में, जेल के संस्मरण में, कविता में, अध्यापिका बन अपनी किसी कक्षा में, सड़क पर पुलिस से मार खाई अपनी देह के निशानों में उसने अनगिनत दस्तावेज़ लिख छोड़े।

एक वैश्विक बहनापे का भाव, बहनापा जो पितृसत्तात्मक रिश्ते-नातों से नहीं, स्त्री के साझापन से, लोकतांत्रिक सख्य भाव से बना है, वर्तमान और भविष्य की स्त्री के लिए इतिहास में छिपी हुई दौलत की तरह है। इस दौलत को पाकर दुनिया में औरत और औरत की दुनिया हसीन हो जाती है।

औरतों का इंकलाब ज़िंदाबाद !

जनवरी, 2022 **—सुजाता**

दिल्ली

स्त्रीवाद क्या है?

स्त्रीवाद जेण्डर, वर्ग, नस्ल, जाति और धर्म के जटिल रिश्तों की बनावट-बुनावट को समझने के औज़ार देता है। वह समाज की शक्ति संरचना में जेण्डर की हेजेमनी (hegemony) को समझने की कोशिश है। स्त्रीवाद सिर्फ़ स्त्री का अध्ययन नहीं है। वह समाजों के लैंगिक आधार पर बँट जाने के इतिहास का अन्वेषण है, लैंगिक रंगों में पुती हुई भाषा की पड़ताल है, धर्म और क़ानून के लैंगिक-दमनकारी स्वरूप की आलोचना है। पूरी दुनिया के दो विपरीत (?) लिंगों में बँट जाने की आलोचना है।

पितृसत्ता हमेशा स्थानीय (local) संस्करणों में पलती है और अपना स्वरूप समय और हालात के हिसाब से बदलती रहती है। भारत के उत्तर-पूर्व में पितृसत्ता का वही रूप नहीं है जो उत्तर भारत में देखने को मिलता है या दक्षिण भारत, या दक्षिण एशियाई देशों और अमरीका में पाई जाने वाली पितृसत्ता एक जैसी नहीं हो सकती। एकता सिर्फ़ स्त्री पर नियंत्रण के मक़सद में है। पितृसत्ताएँ एक-दूसरे से सीख कर नियंत्रण के नए तरीके ईजाद करती हैं।

स्त्रीवाद भी कोई इकहरी अवधारणा नहीं है। इसलिए एक पंक्ति में उसकी परिभाषा बता देना बहकाना होगा। स्त्री होना अपने में एकमात्र सच नहीं है। जाति, नस्ल, वर्ग, धर्म, क्षेत्रीयता, राष्ट्रीयता ऐसी बहुत सी सच्चाइयाँ हैं जो उसके सच को पूरा सच बनाती हैं। इसलिए यह कभी नहीं कहा जा सकता कि सभी स्त्रियाँ समान रूप से शोषित हैं। यह कहना बाक़ी सामाजिक सच्चाइयों को नकारना होगा। वे अलग-अलग ढंग से शोषित हैं। इसलिए स्त्रीवाद की अगर कोई परिभाषा निर्मित की जा सकती है तो वह शायद यह होगी-

> स्त्रीवाद वह राजनीतिक सिद्धांत और व्यवहार है जो सभी औरतों— किसी भी रंग की, कामकाज़ी, ग़रीब, विकलांग, समलिंगी, वृद्ध, सवर्ण, आर्थिक रूप से विशेषाधिकार प्राप्त विषमलिंगी-की मुक्ति के

> लिए संघर्ष करता है। कुछ भी जो आज़ादी की इस परिकल्पना से कम है, वह स्त्रीवाद नहीं बल्कि सिर्फ़ अपना महिमामंडन करना है।[1]

स्त्रीवाद एक गतिशील अवधारणा है और अपने विकास के सभी चरणों में वह अलग-अलग उद्देश्यों को लेकर चली। आज हम उसे सामाजिक, आर्थिक, जैविक, राष्ट्रीय भिन्नताओं के अर्थ में और बेहतर समझ पा रहे हैं। ऐसा नहीं है कि इतिहास में स्त्रियों ने कभी पितृसत्तात्मक ज़ुल्म के ख़िलाफ़ संघर्ष नहीं किया, आवाज़ नहीं उठाई। लेकिन जब स्त्रियाँ पितृसत्ता को सम्पूर्ण रूप से समझ कर एक राजनीतिक मक़सद के तहत लामबंद हुईं तो स्त्री-मुक्ति आंदोलन की वैचारिक ज़मीन तैयार हुई। पितृसत्ता के सिद्धांत और पद्धतियाँ उजागर हुईं, कहना चाहिए बेपर्द हुईं। इसलिए स्त्रीवाद और स्त्री-मुक्ति आंदोलन में फ़र्क़ भी समझना होगा और यह भी समझना होगा कि दोनों एक-दूसरे से जुड़े हुए हैं। कोई राजनीति ऐसी भी होती है जो ज्ञान-संवृद्धि के रास्ते रोकती नहीं है बल्कि उसमें नए अध्याय जोड़ती चली जाती है। स्त्रीवादी राजनीति, अस्मिता की राजनीति वही राजनीति है।

जाति, नस्ल, वर्ग, शिक्षा, धर्म, बहुत कुछ है जो किसी व्यक्ति के अनुभवों को प्रभावित करता है, इसलिए भी स्त्री के तौर पर होने वाले अनुभवों और आकांक्षाओं में ऐसी एकता नहीं मिल सकती कि स्त्रीवाद को उनकी उपज मान लिया जाए। समाज-प्रदत्त संरचनाओं के बीच रहते हुए होने वाले अनुभव और निजी आकांक्षाओं से आगे बढ़कर जब तक समुदाय, समूचे समाज और न्याय का सवाल सामने नहीं हो कोई एकांतिक संघर्ष स्त्रीवाद की ज़मीन को मज़बूत नहीं कर सकता। यह समझना होगा कि स्त्रीवाद हमेशा कुछ निश्चित उद्देश्यों और लक्ष्यों के साथ राजनीतिक आंदोलनों से नत्थी रहेगा। न कि सामान्य अनुभवों से। चीन में लड़कियों के पैर बाँधने की दर्दनाक प्रथा रही तो भारत में सती प्रथा जैसी अमानवीय रीति। यूरोपीय समाजों में कॉर्सेट के सहारे स्त्री देह को काटा-छाँटा जाना हो या राजनीतिक अधिकारों से बहिष्कृत रखना या नस्ल-भेद की राजनीति या कुछ अफ्रीकी समाजों में स्त्री जननांगों को विकृत करने की प्रथा। ये सभी अनुभव समान नहीं हैं। फिर स्त्रीवाद इन्हें कैसे जोड़ता है?

लेकिन सच है कि व्यक्तिगत और समान अनुभवों का रास्ता राजनीतिक

---

1. देखें, पेज-48-49, बारबरा स्मिथ, *रेसिज़्म एण्ड वीमेंस स्टडीज़, फ्रन्टियर्स : अ जनरल ऑफ़ विमेन स्टडीज़,* खंड 6, अंक 1, 1979

उद्देश्यों तक जाता है। इसलिए कि दुनिया भर की स्त्रियों से जुड़े तमाम अनुभव पितृसत्तात्मक संरचनाओं की उपज हैं। पितृसत्ता एक ऐसी सामाजिक व्यवस्था है जो स्त्री-पुरुष के बीच शक्ति के असमान बँटवारे में यकीन करती है और स्त्रियों की देह और श्रम पर पुरुष आधिपत्य को स्वीकृति प्रदान करती है। इस प्रभुत्व की वैधता सिद्ध करने के लिए स्त्रियों की जैविक हीनता के दुष्प्रचार को धीरे-धीरे एक सत्य में बदल दिया गया। पुरुषों की इच्छा को स्त्री के लिए कर्तव्य बनाया गया और लम्बे समय तक पितृसत्ता का कारोबार छद्मावरण में चलता रहा। पितृसत्तात्मक व्यवस्था में संसाधनों पर पुरुषों का अधिकार होता है और शिक्षा, विवाह, नौकरी, व्यवसाय जैसे अधिकारों के लिए स्त्री को संघर्ष करना पड़ता है जो उसे समाज जन्मतः नहीं देता। पितृसत्ता जन्म से ही लड़कों को कुछ विशेषाधिकार देती है जो उन्हें स्त्रियों से श्रेष्ठ (superior sex) बनाते हैं और इस तरह समाज में एक लैंगिक ग़ैर-बराबरी कायम होती है। पितृसत्तात्मक व्यवस्था में स्त्रियाँ अवांछित नहीं होतीं बल्कि अपनी यौनिकता, कोख और श्रम से पितृसत्ता के कारोबार को आगे बढ़ाने में सहायक होती हैं इसलिए पितृसत्ता उन्हें नियंत्रित, अनुकूलित और प्रशिक्षित करती है, रूढ़ भूमिकाएँ देती है, पुरस्कृत और दंडित करती है। पितृसत्तात्मक व्यवस्था में सभी पुरुष भी बराबर नहीं होते लेकिन फिर भी वे पितृसत्ता को बनाए रखने में निरंतर सहयोग करते हैं। क्यों? क्योंकि पितृसत्तात्मक संरचना अंततः उन्हें स्त्री के ऊपर तो मालिकाना देती ही है और पुरुष होने के कुछ विशिष्ट लाभ भी।

पितृसत्ता एक गुप्त प्रणाली है

पितृसत्ता एक गुप्त प्रणाली है। जिससे अपरिचित होने की वजह से हम उसका विरोध भी नहीं कर पाते। सब कुछ सहज बनकर सामने आता है और स्त्रीवाद सहज और स्वाभाविक जेंडर व्यवहारों की हिमायत के बावजूद एक बाहरी या अस्वाभाविक बात लगती है। जबकि है इसका ठीक उल्टा।

पितृसत्ता सभ्यता की आगे बढ़ी हुई, विकसित स्थिति, आला (advanced) सूरत है। इसका शाब्दिक और शुरुआती अर्थ था 'घर में पिता या सबसे उम्रदराज़ पुरुष का शासन' इसी का विस्तार समाज में हुआ। 'बाप का राज' जैसा प्रयोग यहीं से निकलता है और अक्सर लड़कों पर इसके सहारे व्यंग्य किया जाता है

क्योंकि पितृसत्ता पुत्र के जन्म को महत्त्व और पुरुष सदस्यों को वरीयता देती है और इसकी विरासत भी उसी पुत्र को मिलती है। *ऋगवेद* पुत्र-प्राप्ति की कामना करने वाले श्लोकों से भरा है। बाप के शासन में रहना, शासित होना स्त्री का कर्तव्य था। इससे जुड़ा हुआ *मनुस्मृति* का एक श्लोक बहुत विवादित भी है और बहुत से लोगों ने इसकी व्याख्याएँ करते हुए मनु की स्त्रियों के प्रति सदिच्छा को सामने लाने की कोशिश भी की जिससे यह स्त्री-विरोधी न लगे। श्लोक के अनुसार स्त्री को स्वतंत्र नहीं रहने देना चाहिए। बचपन में पिता, विवाह के बाद पति और बुढ़ापे में पुत्र उसकी रक्षा करे। नौवें अध्याय का यह तीसरा श्लोक है-

पिता रक्षति कौमारे भर्ता रक्षति यौवने।
रक्षंति स्थविरे पुत्रा न स्त्री स्वातंत्र्यमर्हति॥

विनोबा भावे भी जब *मनुस्मृति* के लगभग ढाई हज़ार श्लोकों में से महज़ चार सौ को चुनकर जो किताब सामने रखते हैं उसे *मनु शासनम* नाम देते हैं। मनु यानी आदि पुरुष का शासन। यह भी ध्यान रखना होगा कि मातृसत्ता प्रागैतिहासिक (pre historic) समाजों के बारे में शोध पर आधारित प्राक्कल्पना (hypothesis)है, जिसे बहुत से विद्वान मिथ भी मानते हैं, लेकिन पितृसत्ता न प्राक्कल्पना है, न संकल्पना, न ही कल्पना, वह हमारे ठीक सामने है और इतिहास के विभिन्न चरणों में उसके विकास को बेहद स्पष्ट रेखांकित किया जा सकता है।

जब स्त्रियों ने एक नई धमक और स्त्री-विमर्श की पृष्ठभूमि के साथ लिखना शुरू किया तो साहित्य में छिपीं महीन पितृसत्तात्मक ताकतों ने अपने पुराने खेल ख़ूब खेले। स्त्री-लेखन में यह स्त्रीवादी स्वर जब असहज करने लगा तो एक शीतयुद्ध ही उसके ख़िलाफ़ छेड़ दिया गया मानो। स्त्रियों की चुप्पी पितृसत्ता का हथियार है। अपनी सचाई बयान करना स्त्री की ताक़त। इसलिए इतिहास में, दुनिया भर में स्त्रियों के लिखे अनुभव, उनके दर्ज किए गए दस्तावेज़, उनका साहित्य खंगालना और सामने लाना स्त्रीवादी राजनीति है। न्याय और सत्य की राजनीति। बराबरी और समानता की राजनीति। पितृसत्ता और लिखित इतिहास जुड़वाँ हैं (Patriarchy and written history are twins)[2] इसलिए इतिहास में जाकर जेंडर-लेंस से छान-बीन करने के स्पष्ट फ़ायदे हैं। वी. गीता लिखती हैं—

2. देखें, पेज-365, *साइकोअनालिसिस एंड फ़ेमिनिज़्म,* जुलियट मिशेल, बेसिक बुक्स, न्यूयॉर्क, 1974

> अतीत में जिन औरतों और आंदोलनों ने पितृसत्ता का विरोध किया उनके लिए हमारी समकालीन तलाश, विभिन्न काल खंडों और सांस्कृतिक संदर्भों में, ने हमें यह पहचानने में मदद की है कि अन्यायपूर्ण और दमनकारी व्यवस्थाओं और प्रबंधनों के बारे में क्या कहा और किया। यह आसान नहीं रहा क्योंकि जो इतिहास हम पढ़ते हैं और जो साझा स्मृति हमें विरासत में मिली है इन औरतों और इनके विचारों के बारे में कोई सूचना या संदर्भ नहीं देती। लेकिन आज स्पष्ट है कि ऐसी विद्रोही स्त्रियाँ हर समय में थीं जिनके पास पितृसत्ता की एक अपनी समझ थी।[3]

स्त्री-अनुभव के नाम पर स्त्रैण अनुभवों को रूढ़िबद्ध (stereotype) करने से भी बचना होगा। ज़रूरी यह भी है कि किसी स्त्री के संदर्भ में कोई ख़राब अनुभव होने पर जब कोई समूचे स्त्रीवाद को ही गरियाने लगे तो यह याद रखना चाहिए कि जो गरिया रहा है उसे भी निर्मित किया गया है। परिवार, राज्य, शैक्षणिक संस्थान, मीडिया न जाने कितना कुछ है जिसने उसे गढ़ा है। बात-बेबात पत्थर मारने वाला हाथ निर्दोष हाथ नहीं होता। कुछ उसके भी निहितार्थ और स्वार्थ होते हैं। स्त्रीवाद को नापसंद किया जाता है क्योंकि दरअस्ल स्त्री को ही नापसंद किया जाता है। स्त्रीवाद- विरोधी होना सीधा-सीधा स्त्री-द्वेष की ही अभिव्यक्ति है, बल्कि यह स्त्री-द्वेष की भावना का राजनीतिक बचाव है।[4]

आने वाली पीढ़ियाँ हमारी तरह बार-बार पुराने ही प्रश्नों से जूझते रहने की बजाय पितृसत्ता से निपटने की सही रणनीतियाँ बनाएँ, दोहरावों से बचते हुए नई राहों का अन्वेषण करें और अगर उन्हें पुराने चले आते प्रश्नों के उत्तर देने ही पड़ें तो वे सब दस्तावेज़ उनके पास हों, वह साहित्य उनके पास हो जो उनके तर्कों को मज़बूत बनाए और उनके पक्ष को न्याय की राह पर अग्रसर करे यह ज़रूरी है।

इस किताब का शिल्प कभी इतिहास की पुस्तक जैसा और कभी साहित्य की पुस्तक जैसा लगेगा और कभी राजनीतिक घोषणा-पत्र जैसा। एक मनुष्य भी ऐसा ही बना होता है न! कभी संघर्ष पथ पर जूझता हुआ, कभी

---

3. देखें, पेज-9, *पेट्रियार्की,* वी.गीता, स्त्री, कोलकाता, 2007
4. देखें, पेज-195, *एंड्रिया ड्वार्किन,* राइट विंग विमेन, पेरिगी बुक्स, यू.एस.ए.,1983

एकांतिक अंधकार में निराश, कभी प्रकृति के नज़दीक होते हुए कवित्वमय और कभी भविष्य के स्वप्न लिए कर्म करने को तत्पर, उद्यत। बस इसी तरह यह किताब दुनिया भर के स्त्री-आंदोलनों से कुछ ज़रूरी विचार, जानकारियाँ, महत्त्वपूर्ण दस्तावेज़, साहित्य को सामने रखते हुए वैश्विक बहनापे (universal sisterhood) की हामी है।

स्त्रीवादी आंदोलन की शुरुआत ही स्त्री के राजनीतिक अधिकारों को लेकर हुई थी। एक लम्बे संघर्ष के बाद औरतों को एक सम्मानित नागरिक की तरह वोट डालने का अधिकार मिला। स्त्रीवाद का पहला चरण स्त्री मुद्दों के राजनीतिकरण का ही दौर है। यह भी मज़ेदार है कि महिलाओं के वोट के अधिकार की माँग के साथ शुरू होने वाले स्त्री-आंदोलनों के पहले चरण की शुरुआत 1848 में दासता-विरोधी (anti-slavery)आंदोलन के बीच से ही हुई और शराबबंदी के लिए महिलाओं की यूनियन से लेकर, समान काम के समान वेतन की माँग और युद्ध विरोधी आंदोलनों के ज़रिए स्त्रियों के सामाजिक जीवन से जुड़े कई सवाल उठाए। मताधिकार आंदोलन का असर पूरी दुनिया की स्त्रीवादी औरतों के बीच फैला और महिलाओं ने यह हक़ हासिल किया।

द्वितीय चरण के स्त्रीवादी आंदोलन को अक्सर गर्भपात के कानून के लिए याद किया जाता है और स्त्रीवाद विरोधी उसे ब्रा-बर्निंग[5] का आंदोलन कहकर कमज़ोर करते हैं। जबकि सच यह है कि द्वितीय चरण के स्त्रीवाद की शुरुआत रैडिकल स्त्रीवादियों के समूह से हुई और यह रैडिकल आंदोलन स्त्री-शोषण की जड़ पर ही प्रहार करने और संरचनाओं के बदलने का आग्रही था। घरेलू श्रम के अवमूल्यन का मुद्दा, कामकाज़ी औरतों की ओर से बच्चों के लिए क्रेश की सुविधा का सवाल, समान वेतन, सिविल अधिकार, रोज़गार के अवसर, सेक्स-वर्क और इस जैसे तमाम मुद्दे इस आंदोलन का हिस्सा थे। फ़िल्मों, विज्ञापनों, भाषा और साहित्य में छिपी लैंगिक-संरचनाओं की परख की गई। यह समझा गया कि जैसे स्त्री को उसकी देह पर सारे अधिकार छीन कर उससे बेगाना कर दिया गया ऐसे ही उसे लेखन से भी बहिष्कृत किया गया और ऐसे ही इतिहास से भी।

तीसरे चरण का स्त्रीवाद एक विशाल पेड़ की तरह कई शाखाओं, प्रशाखाओं में फैला, विस्तृत हुआ, गहरा हुआ। पोस्ट-फ़ेमिनिस्ट, उत्तर-स्त्रीवादियों ने इस विमर्श

5. फ्रीडम ट्रैश कैन में ब्रा व अन्य सौंदर्य उपकरण फेंके गए थे, जलाए नहीं।

को भाषा के विमर्श, स्त्री-देह के वस्तुकरण, पॉर्नोग्राफ़ी, एथिक्स, अर्थव्यवस्था, दर्शन, मनोविश्लेषण के तमाम क्षेत्रों में फैलाया। सबसे ज़रूरी यह कि स्त्रीवाद ने इस दौर में एक विचारधारा के रूप में विभिन्न अस्मिताओं को समाहित किया और एक अंतरअनुभागीय स्त्रीवाद (intersectional feminism) को विकसित किया। क्वेयर विमर्श स्त्रीवाद का हासिल है। दुनिया में कोई भी विचार इतना समावेशी तरीके से विकसित नहीं हुआ जिस तरह स्त्रीवाद।

इस किताब में इन आंदोलनों से जुड़ी सामग्री और जानकारियों को किसी क्रोनोलॉजी में नहीं रखा गया है बल्कि इसका मूल भाव वे सूत्र पिरोना है जिनसे दुनिया भर के स्त्री-आंदोलन एक-दूसरे के करीब आते हैं, जुड़ते और प्रभावित होते हैं।

महिला दिवस के मानी क्या?

पिछले कुछ सालों से महिला दिवस पर कुछ लोगों को कहते सुन रही हूँ कि सिर्फ़ एक दिन हमारा क्यों हो? महिला दिवस मनाने का कोई औचित्य नहीं। मैं एक आज़ाद और सशक्त महिला हूँ, जो चाहती हूँ करती हूँ, कमाती हूँ, खाती हूँ, मज़े करती हूँ और इसलिए मुझे इन ढकोसलों की ज़रूरत नहीं है। बाज़ार की तरफ़ देखिए तो उसने इसे मौके की तरह लपका और एक और करवाचौथ में ही तब्दील कर दिया। आठ मार्च आते-आते गहने, कपड़े, एक्सेसरीज़ पर विमेंस डे की छूट के मैसेज मोबाइलों में टपकने लगते हैं।

अंतर्राष्ट्रीय महिला दिवस सारी दुनिया की औरतों के लिए है। महिला दिवस की शुरुआत दरअसल बीसवीं सदी की शुरुआत में औरतों के बीच पनपी अधिकारों की नई रौशनी से होती है जब उन्होंने समान काम के लिए समान वेतन, काम के घण्टे कम करने और वोट डालने के अधिकार की बात सरकारों के सामने रखी। महिला दिवस मनाए जाने का कोई दिन तय नहीं हुआ था। फरवरी 1908 में न्यूयॉर्क की गार्मेण्ट फ़ैक्ट्री की हज़ारों महिलाओं ने काम करने की ख़राब स्थितियों के ख़िलाफ हड़ताल और मार्च किया। यह साल भर तक चलता रहा और साल भर बाद अमरीका की सोशलिस्ट पार्टी ने 1909 से 1913 तक फरवरी में आखिरी संडे को महिला दिवस की तरह मनाया। औरतें मिलती थीं, गोष्ठियाँ करती थीं, आगे की योजना तय होती थी, पिछली योजनाओं से सबक लिए जाते थे, माँगों के प्रपत्र तैयार होते थे। 1910 में जर्मनी की कम्यूनिस्ट लीडर, एक्टिविस्ट, महिला यूनियन अध्यक्ष क्लारा ज़ेटकिन ने भी प्रस्ताव किया कि दुनिया के सभी देशों में कोई एक दिन महिला दिवस मनाया जाना चाहिए। इस दिन हम अपनी-अपनी माँगें सरकारों के सामने रखेंगे। इस कॉन्फ्रेंस में उपस्थित सभी पार्टियों, यूनियनों, कामकाज़ी महिला क्लबों की सदस्यों ने हामी भरी।

फिर सवाल उठता है—एक ही दिन क्यों, हर दिन क्यों नहीं माँग रखने के

लिए! माँग तो हर दिन रखी जा रही थी। माँग तो इससे भी सौ साल पहले से उठ रही थी। लेकिन औरतों का सामाजिक, आर्थिक, राजनीतिक दमन बदस्तूर जारी था। यह किसी एक देश की समस्या नहीं थी। कहीं पर भी औरतों को वोटिंग का अधिकार नहीं था। उनकी मेहनत को सस्ता या मुफ़्त का श्रम समझा जाता था। एक ऐसा प्रोग्राम हाथ में हो जब योजनाबद्ध तरीके से पूरी दुनिया के देशों की औरतें एक साथ माँग उठाएँ, जैसे आप ट्विटर पर कोई हैशटैग ट्रेण्ड कराते हैं! एक साथ एक ही समय पर, हर ओर से एक ही बात कहने वाले, 5 करोड़ 7 करोड़-लोग! ताकि सरकार सुने।

तो 1913 में रूस ने भी इसे फरवरी के आख़िरी संडे को मनाया। 1914 में पहला विश्वयुद्ध शुरू होने से पहले यूरोप के देशों की महिलाएँ भी शामिल हुईं। युद्ध के ख़िलाफ और महिलाओं की एकजुटता दिखाने के लिए इंग्लैंड में 8 मार्च 1914 को एक रैली निकली जिसमें स्त्री मताधिकारों की योद्धा सिल्विया पैंकहर्स्ट को गिरफ़्तार कर लिया गया।

ये संघर्ष आसान नहीं थे। औरतों को मताधिकार मिले, उन्हें पूरी तरह एक नागरिक माना जाए, इसके लिए संघर्ष करते हुए एमिली डेविड्सन ने अपनी जान गँवाई थी। सूज़न बी. एंथनी को बाक़ायदा गिरफ़्तार करके मुक़दमा चलाया गया था 1871 में।[1] देश का एक कमतर और मामूली हिस्सा समझे जाने की टीस इन औरतों को गहरी थी। यह कहते हुए हमें गर्व होना चाहिए कि औरतों की क्रांति दुनिया की अकेली क्रांति है जिसने किसी का एक बूँद ख़ून नहीं बहाया। संघर्ष किए, बलिदान किए, अपना लहू दिया लेकिन कभी कहीं बंदूक नहीं उठाई।

---

1. सूज़न बी. एंथनी (1820–1906) एक अमेरिकी मताधिकार आंदोलनकारी थीं जिन्होंने अपनी माँ और बहन से सेनेका फ़ॉल्स कंवेंशन (1848) के बारे में सुना था। वह एक स्कूल में पढ़ाती थी। 1852 में उसने न्यूयॉर्क में पहली बार स्त्री अधिकार सम्मेलन में भाग लिया और तय कर लिया कि वह आजीवन स्त्री अधिकारों के लिए प्रतिबद्ध रहेगी। 1872 में सूज़न ने पचास महिलाओं के समूह का नेतृत्व करते हुए एक पोलिंग बूथ पर वोट डाला जबकि अमरीका में स्त्रियों को मताधिकार नहीं था। उसे ग़िरफ़्तार किया गया और जेल भेजा गया। जुर्माना देकर छूटने से भी उसने इनकार किया। 17 जून 1873 को संयुक्त राष्ट्र अमरीका Vs. सूज़न बी. एंथनी मुकदमे की शुरुआत हुई। आगे इस मुकदमे में जज हंट के सामने दिए गए सूज़न के भाषण का अनुवाद पढ़ सकते हैं।

हम क्यों मनाएँ महिला दिवस?

कोई कह सकता है कि हाँ तो ये देश मनाएँ महिला दिवस, हम क्यों मनाएँ? हम इसलिए मनाएँ क्योंकि इन संघर्षों का फ़ायदा हमने भी उठाया है। फ़ायदा ही नहीं उठाया बल्कि बहुत कुछ सीखा है इन संघर्षों से। जिस वक्त सारी दुनिया में महिलाओं के अधिकारों की जंग छिड़ी तो भारत उससे अछूता नहीं रहा।

1917 में सरोजिनी नायडू की अध्यक्षता में औरतों के मताधिकार के लिए एक डेलीगेशन मॉन्टेग्यू चेम्स्फ़ोर्ड समिति से मिला और माँगें रखीं। 1947 से पहले ही तमाम महिला अधिकार संगठन भारत में बन गए थे और फेंमिनिस्ट पत्रिकाएँ छपाती थीं। दुनिया की सब औरतें अधिकारों के मामले में एक हो रही थीं। महिला आंदोलनों से जो वैचारिक जाग्रति आई उसका फ़ायदा यह हुआ कि भारतीय महिलाओं को कुछ अधिकार संविधान लागू होने के साथ मिल गए। कुछ के लिए वे बाद में लड़ीं, आंदोलन किए। पुलिस दहेज हत्या का केस दर्ज नहीं करती थी इसे घरेलू, आंतरिक मामला बताकर! लड़कियाँ मार दी जाती थीं और कोई सुनने वाला नहीं। महिला संगठनों ने संघर्ष किए और क़ानून बनवाया, दहेज लेना और देना दोनों अपराध हैं। बलात्कार क़ानून बना। सबूत देने का काम अपराधी का है पीड़िता का नहीं और फिर संघर्षों से ही बने 2005 में घरेलू उत्पीड़न क़ानून, 2013 में POSH कार्यक्षेत्र पर यौन उत्पीड़न रोकने के लिए, शिक्षा का अधिकार पाने की लड़ाई, वोटिंग राइट्स की लड़ाई, गर्भपात के अधिकार की जंग, बराबर काम की बराबर तनख़्वाह का संघर्ष, दहेज, बलात्कार, घरेलू उत्पीड़न, यौन शोषण के खिलाफ़ आंदोलन और क़ानूनों का बनना हमारे संघर्षों का इतिहास है।

ठीक ऐसे ही महिला दिवस इतिहास के उन तमाम पलों को याद करने और आगे के जीवन के लिए और ऊर्जा समेट लेने का अवसर है, उत्सव है। महिलाएँ अपने संघर्षों को हँसते हुए याद करना चाहती हैं। इसलिए महिला दिवस मनाती हैं। यह एक प्रतीक है। यह इस बात का प्रतीक है कि दुनिया की सब महिलाएँ अलग-अलग होती हुई भी एक हैं। इसे मनाना नहीं छोड़ना है बल्कि इस इतिहास और धरोहर को अपनी तमाम बहनों तक लेकर जाना है जो दूर हैं, क़स्बों और गाँवों में हैं, अनजान हैं। सूज़न बी. एंथनी के मुक़दमे की प्रोसीडिंग पढ़ते समझ आता है अपनी पुरखिनों का वह संघर्ष, जिसने हमें थोड़ी बेहतर ज़िन्दगी दी।

सर्किट कोर्ट में जज वॉर्ड हंट के सामने सूज़न बी. एंथनी का भाषण[2]

जज हंट : क्या क़ैदी को इस पर कुछ कहना है कि उसे सज़ा क्यों न सुनाई जाए?

मिस एंथनी : जी, यॉर ऑनर, मुझे कई बातें कहनी हैं; जैसे कि यह कि आपने दोषी को फ़ैसला सुनाते हुए शासन के ज़रूरी सिद्धांतों को ही अपने पैरों तले कुचल दिया। मेरे प्राकृतिक अधिकार, मेरे नागरिक अधिकार, मेरे राजनीतिक अधिकार, मेरे क़ानूनी अधिकार सब की समान रूप से अनदेखी की गई। एक नागरिक होने के मूलभूत विशेषाधिकार छीन कर मुझे एक नागरिक के ओहदे से गिरा कर प्रजा बना दिया गया; और यॉर ऑनर के आदेश से, व्यक्तिगत रूप से सिर्फ़ मैं ही नहीं बल्कि तमाम स्त्री-नागरिक इस तथाकथित सरकार के राज में राजनीतिक ग़ुलामी के लिए अभिशप्त हैं।

जज हंट : अदालत इन दलीलों के दोहराव को नहीं सुन सकती जिन्हें प्रस्तुत करने में क़ैदी के वकील ने तीन घंटे पहले ही खपा दिए हैं।

मिस एंथनी : यॉर ऑनर ख़फ़ा न हों, मैं प्रतिवाद नहीं कर रही, बल्कि बहुत सीधे शब्दों में सिर्फ़ यह बता रही हूँ कि न्याय की दृष्टि से क्यों यह सज़ा मुझे नहीं दी जा सकती। एक नागरिक के तौर पर मेरे मतदान के अधिकार को आपका अस्वीकृत करना इस सरकार द्वारा शासित होने की मेरी सहमति का अस्वीकार है, अस्वीकार है कर दाता के रूप में मेरे प्रतिनिधित्व के अधिकार का, अस्वीकार है इस बात का कि क़ानून के सामने एक मुजरिम के तौर पर मेरे ख़िलाफ़ चलने वाले ट्रायल की जूरी में मेरे स्त्री-समाज से भी प्रतिनिधि शामिल किए जाएँ, इसलिए, यह मेरे जीवन, आज़ादी और सम्पत्ति के पवित्र अधिकारों का अस्वीकार है और...

जज हंट : अदालत क़ैदी को इसी तरह जारी रहने की इजाज़त नहीं दे सकती।

---

2. पेज-45-47, *द ट्रायल ऑफ़ सूज़न बी. एंथनी,* एन्न. डी. गॉर्डन, फ़ेडरल जुडिशियल हिस्ट्री ऑफ़िस, 2005 (अंग्रेज़ी से अनुवाद—सुजाता)

मिस एंथनी : लेकिन यॉर ऑनर आप मुझे मेरे नागरिक अधिकारों के इस उल्लंघन के प्रति मेरे प्रतिरोध के एकमात्र और मामूली से विशेषाधिकार के लिए इनकार नहीं कर सकते। माननीय अदालत को याद होगा कि पिछले नवम्बर में मेरी पहली गिरफ़्तारी से लेकर अब तक यह पहली दफ़ा है कि मैं या कहिए मताधिकार वंचित सम्पूर्ण स्त्री-समाज से किसी को जज या जूरी के सामने अपना पक्ष रखने की इजाज़त दी गई है।

जज हंट : क़ैदी बैठ जाए- अदालत इसकी इजाज़त नहीं दे सकती।

मिस एंथनी : मेरे सभी अभियोक्ता, आठवें वॉर्ड का नुक्कड़ का किराना नेता, जिसने मेरे ख़िलाफ़ शिकायत दर्ज की, से लेकर यूनाइटेड स्टेट्स मार्शल, कमिश्नर, डिस्ट्रिक्ट अटॉर्नी, डिस्ट्रिक्ट जज, इस बैंच पर आप यॉर ऑनर, इनमें से कोई भी मेरे समान स्त्री-जाति से नहीं है और सभी मुझसे राजनीतिक रूप से श्रेष्ठ हैं; और अगर यॉर ऑनर ने मेरा केस जूरी के समक्ष रखा होता तो भी यह प्रतिरोध का मेरा जायज़ मुद्दा होता कि इन तमाम पुरुषों में से कोई मेरे समान नहीं है; बल्कि, मूलनिवासी या विदेशी, श्वेत या काला, अमीर या ग़रीब, शिक्षित या अशिक्षित, जाग्रत या सुप्त, सभ्य या शराबी, सब, इनमें से हर एक मर्द मुझसे राजनीतिक रूप से श्रेष्ठ है; और इस तरह किसी अर्थ में मेरे बराबर नहीं है।

यहाँ तक कि, इन हालात के मद्देनज़र, इंग्लैंड का एक आम आदमी जिस पर जूरी ऑफ़ लॉर्ड्स के समक्ष मुक़दमा चलाया गया हो, उसके पास भी शिकायत की वजह मुझसे कम होगी, मैं, जो कि एक औरत हूँ और जिस पर मर्दों की जूरी के समक्ष मुक़दमा चलाया जा रहा है। यहाँ तक कि मेरे वकील, माननीय हेनरी आर. सेल्डन, जिन्होंने मेरा केस इतने बेहतर ढंग से प्रस्तुत किया है, इतनी ईमानदारी से, अदालत को लाजवाब करते हुए, वह भी मुझसे राजनीतिक रूप से श्रेष्ठ हैं। साफ़ है कि कोई मताधिकार वंचित व्यक्ति जूरी में नहीं बैठ सकता, और किसी औरत के पास मताधिकार नहीं है, तब, और कोई नहीं सिर्फ़ नियमित रूप से अधिकृत वकील ही अदालत में अभ्यास कर सकता है, कोई औरत अदालत में प्रवेश नहीं पा

सकती- इसलिए जूरी, जज, वकील सब अनिवार्य रूप से श्रेष्ठ वर्ग से ही होंगे।

जज हंट : अदालत फिर कह रही है-क़ैदी को स्थापित क़ानूनों के अनुसार परखा जा चुका है।

मिस एंथनी : हाँ, यॉर ऑनर, लेकिन उन क़ानूनों के हिसाब से जो मर्दों ने बनाए हैं, उन्हीं के द्वारा व्याख्यायित हैं, उन्हीं के द्वारा लागू करवाए जाते हैं, मर्दों के ही हक़ में, और औरतों के ख़िलाफ; और इसलिए, यॉर ऑनर का फ़ैसला, यूनाइटेड स्टेट्स के नागरिक द्वारा नागरिक मताधिकार के ख़िलाफ़ है महज़ इसलिए कि वह नागरिक एक औरत है एक मर्द नहीं। लेकिन, कल, मर्दों के बनाए इन्हीं क़ानूनों ने कनाडा जाते हुए एक भगोड़े को सूखी रोटी, एक कप पानी और रात के लिए शरण देने को अपराध माना और एक हज़ार डॉलर का जुर्माना और छह महीने की जेल का दंड दिया। और एक भी औरत या मर्द जिसकी नसों में एक भी बूँद इंसानी हमदर्दी है उसने यह क्रूर क़ानून तोड़ा, परिणामों से बेपरवाह, और ऐसा करने में वह न्यायसंगत था। और जैसे तब आज़ाद हुए ग़ुलामों ने इन अन्यायपूर्ण क़ानूनों से आज़ादी पाई, ठीक वैसे ही अब, औरतों को भी करना होगा, इस सरकार में अपनी बात रखने के अधिकार को लेना होगा; मैंने अपना ले लिया है, और हर सम्भव मौके पर इसे लेने का इरादा रखती हूँ।

जज हंट : अदालत का आदेश है कि क़ैदी बैठ जाए। उसे एक भी और शब्द कहने की अनुमति नहीं है।

मिस एंथनी : जब मुझे मुक़दमे के लिए आपके समक्ष लाया गया, यॉर ऑनर, मैंने संविधान और उसके हालिया संशोधनों की एक विस्तृत और उदार व्याख्या की आशा की थी जिसके तत्वावधान में यूनाइटेड स्टेट्स के सभी नागरिक सुरक्षित घोषित किए जाएँगे-जो घोषणा करेगा कि यूनाइटेड स्टेट्स में जन्मे या प्राकृतिक रूप से हर नागरिक के अधिकारों की समानता सुनिश्चित की गई है। लेकिन न यह न्याय मिला-न अपनी बराबरी के लोगों की जूरी द्वारा मुक़दमा-मैं आपसे दया नहीं माँग रही बल्कि दृढ़ता से कानूनों का पालन माँग रही हूँ।

जज हंट : अदालत का फिर कहना है –
(यहाँ क़ैदी बैठ जाती है।)
जज हंट : क़ैदी खड़ी हो जाए।
(यहाँ मिस एंथनी फिर खड़ी हो जाती हैं।)
अदालत का फ़ैसला है कि आप एक हज़ार डॉलर का ज़ुर्माना और अभियोजन की लागत चुकाएँ।

मिस एंथनी : निवेदन करती हूँ यॉर ऑनर कि आपके इस अन्यायपूर्ण दंड का एक भी डॉलर नहीं चुकाऊँगी। जो भी कुछ मेरे पास है वह 10,000 डॉलर का कर्ज़ है जो मेरे अख़बार–द *रेवोल्यूशन*–के प्रकाशन से मुझ पर चढ़ा है, जिसका अकेला मकसद था सभी औरतों को शिक्षित करना ताकि वे ठीक वही करें जो मैंने किया है, विद्रोह, आपके पुरुष-निर्मित, अन्यायपूर्ण, असंवैधानिक क़ानूनी तरीके, कर, ज़ुर्माने, औरतों को जेल में बंद करना, फाँसी चढ़ाना, सबसे, जबकि सरकार में उन्हें प्रतिनिधित्व का भी अधिकार नहीं, और मैं अपनी पूरी ताक़त से इस ईमानदार कर्ज़ का एक-एक डॉलर वरीयता से चुकाऊँगी लेकिन इस अन्यायपूर्ण ज़ुर्माने की एक भी पाई नहीं दूँगी। मैं पुरज़ोर तरीके से लगातार सभी औरतों से आग्रह करूँगी कि वे क्रांति की उस पुरानी कहावत को याद करें कि, 'अत्याचार का विरोध ईश्वर की अनुपालना है।'

जज हंट : महोदया, अदालत आपको तब तक आदेश नहीं दे सकती जब तक कि आप ज़ुर्माना न चुका दें।[3]

क्या मैं एक औरत नहीं हूँ?
(Ain't I a Woman?)

ब्लैक स्त्री ने अपने 'नीग्रो' होने के अलावा अपने 'स्त्रीत्व' पर कभी ध्यान ही नहीं दिया कि जैसे श्वेत स्त्री की स्त्री होने के कारण कुछ समस्याएँ हैं, भेद-भाव हैं, स्त्री अधिकारों से वंचित हैं वे ऐसे ही एक स्त्रीत्व ब्लैक स्त्री का भी होता होगा! जब काले लोगों को मताधिकार मिला तो उसमें भी साफ़ तौर पर वहाँ भी

3. यह ज़ुर्माना मिस एंथनी ने कभी नहीं भरा।

'पुरुष' लिख दिया गया। अमरीका में काली स्त्रियों को मतदान का अधिकार नहीं था जैसा किसी भी स्त्री को नहीं था। पितृसत्तात्मक शक्ति जिसे पुरुष स्त्रियों पर अधिकार जमाने के लिए इस्तेमाल करते हैं आख़िर वह सिर्फ़ उच्च और मध्यवर्गीय पुरुषों का विशेषाधिकार नहीं है बल्कि समाज के सभी पुरुषों का है भले ही वह किसी भी वर्ग या नस्ल का हो।[4]

सूज़न बी. एंथनी के कोर्ट में दिए भाषण में बार-बार इस बात का उल्लेख होता है कि काला, गोरा कैसा भी पुरुष हो वह मेरे सेक्स से श्रेष्ठ है और अधिकार प्राप्त है। लेकिन स्त्री-आंदोलनों में लगातार जिस स्त्री को बोलने का मौक़ा मिल रहा था वह एक मध्यवर्गीय श्वेत स्त्री थी जो स्त्री-अधिकारों की पैरोकारी कर रही थीं। अपने मुद्दों को गायब देख एक काली स्त्री ने एक सभा को टोका। 18 51 में ओहिओ में एक स्त्री अधिकार सम्मेलन हो रहा था वहाँ श्वेत स्त्रियों का बोलबाला देखकर अस्सी साला सोजोर्नर टुथ ने खड़े होकर एक छोटा सा भाषण दिया और पूछा, 'क्या मैं औरत नहीं हूँ?'

लूसी स्टोन इस बात से आहत थी कि काले पुरुषों को तो मताधिकार दे दिया गया लेकिन काली स्त्रियों को शामिल नहीं किया जा सका। एलिज़ाबेथ कैडी स्टैंटन और सूज़न बी. एंथनी ने खुलकर उस संविधान संशोधन का विरोध किया जो काले पुरुषों को मताधिकार देता था लेकिन काली स्त्रियों को नहीं। दोनों ही यह महसूस करती थीं कि यह विरोध उनके स्त्रीवादी मत के पक्ष में है और अब समय है 'सबके लिए समान अधिकारों का'[5]। यह अजीब था कि जब स्त्री अधिकारों की बात हो तो सिर्फ़ श्वेत स्त्री को केंद्र में रखा जाए और जब नीग्रो के अधिकारों की बात हो तो उसका अर्थ सिर्फ़ ब्लैक पुरुष हों। बेल हुक्स ने कहा कि पितृसत्ता जो फ़ायदे पुरुष को देती है वे पूरी दुनिया के पुरुषों को उनके वर्ग और नस्ल के भेदभाव के बिना मिलते हैं। काली स्त्री भी स्त्री है और स्त्री होने की वजह से वह काले पुरुष तक से एक पायदान नीचे है। मेरी चर्च, एना कूपर, सोजोर्नर टुथ, अमांदा बेरी से लेकर पूरे ब्लैक स्त्री आंदोलन को बेल हुक्स ने अपनी किताब में समेटा है। यह ब्लैक स्त्री का तिहरा शोषण था। गुलाम होने की वजह से उनके श्रम का, गुलाम स्त्री होने की वजह से उनकी

---

4. देखें, पेज-7, बेल हुक्स, *एंट आय अ वुमन,* प्लूटो प्रेस, लंदन, साउथ एंड प्रेस, बॉस्टन, 1982
5. देखें, पेज-129, *फ़ेमिनिज़्म द इसेन्शियल फ़ेमिनिस्ट राइटिंग्स,* मिरियम श्नायर, विंटेज, 1994

यौनिकता का और श्वेत स्त्री द्वारा भी। काली स्त्री को न क़ानून का संरक्षण था और न ही समाज का। पितृसत्तात्मक प्रशिक्षण ऐसा होता है कि काले स्त्री-पुरुष अपनी जेण्डर भूमिकाओं में श्वेत वर्ग की ही नकल करते हैं। ऐसा न हो कि जब शोषक व्यवस्थाओं का हिसाब-किताब लिखा जाए तो ब्लैक स्त्री, दलित स्त्री के अंतरानुभागीय अनुभवों, यौनिक, सामाजिक और श्रम के शोषण का खाता ही न हो! इसलिए ब्लैक स्त्रीवाद का उभरना बेहद महत्त्वपूर्ण था।

वह भाषण यहाँ शब्दशः प्रस्तुत करना मुझे ज़रूरी लग रहा है जिसे पढ़ते हुए यह देखा जा सकता है कि किस तरह ऐसी स्थितियाँ आज भी हमें अपने आस-पास दिखाई देती हैं दलित और वंचित स्त्री के संदर्भ में।

1867 में दिया गया सोजोर्नर ट्रुथ का भाषण[6]

> दोस्तो, मैं ख़ुश हूँ कि आप सब प्रसन्नचित्त हैं, लेकिन मुझे नहीं मालूम कि आप कैसा महसूस करेंगे जब मैं अपनी बात कहूँगी। मैं अलग क्षेत्र से आती हूँ—दासों के देश से। उन्हें अब अपनी आज़ादी मिल गई है—कितना अच्छा है कि दासता आंशिक रूप से ख़त्म हो गई है, लेकिन पूरी तरह नहीं। मैं चाहती हूँ इसकी जड़ और शाखाएँ भी नष्ट हो जाएँ। तभी हम सब सच में आज़ाद होंगे। मुझे लगता है कि अगर मुझे अपनी देह के साथ किए गए कृत्यों के लिए एक पुरुष की तरह जवाब देना है तो मुझे पुरुष की तरह ही अधिकार भी होने चाहिए। आजकल बहुत हल्ला है काले पुरुषों को अधिकार मिलने का लेकिन काली स्त्रियों के बारे में एक शब्द भी नहीं; अगर काले पुरुषों को उनके अधिकार मिलेंगे लेकिन काली स्त्रियों को नहीं तब काले पुरुष उन स्त्रियों के मालिक होंगे, और यह उतना ही बुरा होगा जितना बुरा पहले था। इसलिए मैं चाहती हूँ कि इस पर बात हो इससे पहले कि काले पुरुषों को अधिकार मिलने का हल्ला शांत हो जाए। अगर हम इसका इंतज़ार करेंगे तो फिर से शुरुआत करने में बहुत मेहनत करनी पड़ेगी। श्वेत स्त्रियाँ कहीं ज़्यादा चुस्त हैं, और काली स्त्रियों से ज़्यादा जानती हैं जबकि

---

6. देखें, पेज-129-131, वही (अंग्रेजी से अनुवाद—सुजाता)

काली स्त्रियाँ शायद ही कुछ जानती हैं। वे बाहर जाती हैं कपड़े धोने के लिए और उनके पुरुष ख़ाली बैठते हैं, अकड़ कर चलते हैं और जब उनकी स्त्रियाँ घर आती हैं, वे उनसे पैसे माँगते हैं और सारे पैसे ले लेते हैं, फिर डाँटते हैं क्योंकि फिर खाना नहीं मिलता। मैं चाहती हूँ इस पर भी सोचो बच्चो! मैं तुम्हें बच्चे कह रही हूँ क्योंकि तुम किसी के तो बच्चे हो और मैं इतनी बूढ़ी हूँ कि यहाँ सबकी माँ के बराबर हो सकती हूँ। मैं चाहती हूँ औरतों को उनके अधिकार मिलें। अदालतों में औरतों के पास कोई अधिकार नहीं है, कोई आवाज़ नहीं है; उनके लिए कोई नहीं बोलता। मैं चाहती हूँ इन साधारण वकीलों के बीच औरत की अपनी आवाज़ हो। अगर यह जगह औरतों के लिए ठीक नहीं है तब यह मर्दों के लिए भी ठीक नहीं है कि वे यहाँ हों।

मैं अस्सी साल से ऊपर की हूँ; मेरे जाने का वक्त समीप है। मैं चालीस साल एक ग़ुलाम रही और चालीस साल आज़ाद। मुझे लगता है कि मैं यहाँ अब तक इसलिए रही क्योंकि मेरे करने के लिए शायद कुछ बचा रह गया था। मुझे लगता है कि मुझे बेड़ियाँ तोड़ने में मदद करनी है। मैंने बहुत काम किया है, एक मर्द जितना ही, लेकिन कभी उतना पारिश्रमिक नहीं मिला। मैं खेतों में काम किया करती थी और अनाज बाँधा करती थी, पालना भी साथ में रखे हुए, लेकिन मर्द इससे ज़्यादा काम नहीं करते थे और दोगुना पारिश्रमिक पाते थे, जर्मन औरतों की तरह। वे भी खेतों में काम करती हैं लेकिन कीमत नहीं पातीं। हम उतना ही काम करते हैं, हम भी उतना ही खाते हैं, हमें भी उतना ही चाहिए। मुझे लगता है मैं अकेली ऐसी काली महिला हूँ जो काली महिलाओं के हक़ों के बारे में बोलती है। मैं चाहती हूँ कि यह हलचल मची रहे और बर्फ़ की सिल्लियाँ टूटें। हम क्या चाहते हैं, थोड़ा पैसा! तुम पुरुष जानते हो कि जब हमें हमारे अधिकार मिल जाएँगे तो हम पैसे के लिए तुम्हारे पास नहीं आएँगे, तब हमारे पास अपनी जेब में पर्याप्त पैसा होगा, और तुम शायद हमसे पैसा माँगोगे। लेकिन फ़िलहाल हमारी मदद करो इसे पाने में। यह सांत्वना कम नहीं है कि जब हम यह जंग जीत लेंगे तो हम माँगने के लिए तुम्हारे पास

नहीं आएँगे। तुम्हारे हाथों में इतने लम्बे समय से हमारे अधिकार रहे हैं कि तुम ख़ुद को हमारा ठीक वैसे ही मालिक मानते हो जैसे कोई दास रखने वाला। जानती हूँ यह उसके लिए बहुत मुश्किल है जिसने इतने लम्बे समय तक राज किया हो कि अचानक समर्पण कर दे; यह एक चाकू की तरह काटता है। लेकिन जब यह बंद हो जाएगा तो पहले की तरह बेहतर महसूस होगा। मैं वॉशिंगटन में तीन साल तक रही, इन काले लोगों को देखते हुए। अब काले पुरुषों के पास वोट डालने का अधिकार है। अब पहले से ज़्यादा बराबरी के अधिकार होने चाहिए क्योंकि अब काले लोगों ने अपनी आज़ादी प्राप्त कर ली है। मैं इस बारे में कई बार बात करूँगी जब तक यहाँ रहूँगी; और अब मैं एक गाना गाऊँगी। मैंने लम्बे समय से कोई गाना नहीं सुना है जबसे यहाँ आई हूँ।

'एंट आय अ वूमन' नामक अपने प्रसिद्ध भाषण में, जिसके बाद अस्सी साला सोजोर्नर ट्रुथ लोकवृत्त में आई, सवर्ण मध्यवर्गीय स्त्रीवादियों के सामने यह सवाल उठाता है कि इस दुनिया में स्त्रीवादी प्रश्नों के बीच काली स्त्रियों का प्रश्न कहाँ है? वह कहती हैं कि मेरे लिए कोई मेरे लिए गाड़ी का दरवाज़ा नहीं खोलता या मुझे सबसे अच्छी जगह नहीं देता बैठने के लिए तो क्या मैं औरत नहीं हूँ? मेरे सवालों पर बात नहीं की जाएगी? मेरे हाथ देखिए, मैंने सालों खेतों में काम किया है, किसी ने मुझे सहारा नहीं दिया, मैंने भी बच्चे पैदा किए और पाले, अकेले में रोई तो सिर्फ़ जीसस ने सुना किसी और ने नहीं, मैं क्या औरत नहीं हूँ? यह श्रमिक स्त्री के सवाल थे जो नस्लीय और लैंगिक दोनों तरह शोषण और दमन को झेल रही थी और वे अनुभव सवर्ण मध्यवर्गीय स्त्रियों के अनुभवों से अलग थे। दलित स्त्री की समस्याओं को ऐसे ही लम्बे समय तक स्त्रीवाद के भीतर एक सवाल नहीं बनाया जा सका था। स्त्री-प्रश्न में जाति के कोण से भी विचार किए जाने की ज़रूरत देर से समझी गई। काली स्त्री के आंदोलन के लिए यह वाक्य एक महत्त्वपूर्ण टैगलाइन साबित हुआ और बाद में बेल हुक्स ने इसी शीर्षक से अपनी किताब में ब्लैक स्त्रीवाद की थियरी प्रस्तुत की। इस भाषण के बाद मताधिकार आंदोलनकारी स्त्रियों का समर्थन सोजोर्नर को मिला और उन्होंने भी स्त्री के राजनीतिक अधिकारों की बात, उसके नागरिक होने का मुद्दा उठाया।

एफ्रो-अमरीकी उपन्यासकार और कवयित्री एलिस वॉकर ने ज़ोरा नील हर्स्टन[7] जैसी काली लेखिका को खोज कर सामने प्रस्तुत किया जिन्हें साहित्य में भुलाया जा चुका था। एलिस का लेख 'इन सर्च ऑफ़ ज़ोरा नील हर्स्टन' 1975 में उसी *मिज़* मैगज़ीन में छपा था जिसका उल्लेख जूडी ब्रैडी के व्यंग्यात्मक लेख 'मुझे एक पत्नी चाहिए' के संदर्भ में किया गया है। स्त्रीवादी आंदोलनों के दूसरे चरण ने विभिन्न स्त्री अस्मिताओं को एक मंच पर लाने का काम किया।

---

7. चार उपन्यासों की लेखिका और अफ्रीकी-अमरीकी लोक-कथाओं की संग्रहकर्ता, जिनका उपन्यास *देयर आईज़ वर वॉचिंग गॉड* अधिक प्रसिद्ध है। हर्स्टन, एक वृद्ध श्वेत कला संरक्षक श्रीमती आर. ऑसगुड मेसन के 1927 में लोककथाओं के संग्रह के काम में लौट पाईं। श्रीमती मेसन ने लैंग्स्टन ह्यूज़, रिचमण्ड बार्थ जैसे और लोगों की भी मदद की थी। एलिस कहती हैं कि फिर भी उनका और ज़ोरा का सम्बन्ध बहुत ध्यान से देखा जाना चाहिए क्योंकि एक श्वेत कला संरक्षक द्वारा ब्लैक कला का संरक्षण आदिम और प्राचीन पर अधिक बल देता है। पूरा लेख यहाँ पढ़ा जा सकता है—
https://www.allisonbolah.com/site_resources/reading_list/Walker_In_Search_of_Zora.pdf

एक औरत का काम कभी ख़त्म नहीं होता

त्योहार न होते तो औरतें घर में क़ैद रहे-रहे मर ही जातीं शायद। पितृसत्ता ने जैसे उन्हें चौहद्दी में धकेला तो उन्होंने अहोई, करवा, सतिया, गुझिया, होली, छठ न जाने कैसे और कितने व्रत-उपवास त्योहार मना कर दिनचर्या से थोड़ी साँस भी ली और इन त्योहारों-व्रतों के पीछे पुरुष हित की कामना से पितृसत्ता भी मज़े में! अपने जी-जान का जंजाल यानी घर-बार छोड़कर गाँव-क़स्बों में औरतें जाती भी तो कहाँ! मंदिर तक, मेले में, पोखर-तालाब तक, शादी-ब्याह में अड़ोस-पड़ोस तक। रोज़ एक जैसा दिन, मरघट जैसा, उससे निजात पाती भी तो कहाँ! यहाँ तक कि डॉक्टर के पास जाना भी एक पूरा कार्यक्रम ही हुआ। कुछ तो हो रहा है न अलग!

बदले हुए शहरी मध्य वर्गीय जीवन और बाज़ार ने त्योहारों की रंगत और मकसद बदल कर औरतों के लिए नए संकट पैदा किए। मीडिया, पूँजीवाद और पितृसत्ता ने मिलकर एक ऐसी नई औरत बनाना शुरू किया जो डिजिटली साउंड हो और मन से करवा की कथा बाँचने वाली।

मर्द-औरत सबका मन ललचाता है कि त्योहार अपनी उसी ठसक से मनाएँ जैसे हमारी माँओं ने हमेशा मनाए। लेकिन त्योहार को जम कर मनाने का सारा ठीकरा औरतों के सर पर ही फूटा। न करे तो बेशऊर औरत का ख़िताब भी पाए! रसोई उसके जगे रहने के पूरे वक्त को लील सकती है। उस पर रंगोली, दीया, अगरबत्ती, पूजा, मेहमान वगैरह। कौन सोचे! इफ़्तार हो, दीवाली भोज या जन्मदिन अक्सर लोगों को भाभीजी के हाथ का बनाया खाना याद आता है और भाईसाब ख़ुशी से निमंत्रण देते हैं—हाँ, हाँ क्यों नहीं! उन्हें तो खिलाकर ही ख़ुशी मिलती है!

एक पुरुष सूर्योदय से सूर्यास्त तक काम करता है लेकिन एक स्त्री का काम कभी ख़त्म नहीं होता। कैसी मजबूर बन गई वह कि उसे गुस्सा भी आए

तो भी वह सामान इधर–उधर पटकना या हाथ से काँच का गिलास नहीं फेंकना चाहेगी, इसलिए कि बाद में काँच समेटने और बिखरे पानी पर पोंछा लगाने का उसका ही तो काम बढ़ेगा!

ऐसा लगता है कि इस ग्रैण्ड प्रोग्राम का मकसद ही है स्त्री का सारा समय बल्कि जीवन ही खपा देने का। कुछ साल पहले किसी ने तंज़ किया था ब्लॉग पर टिप्पणी करते हुए—आज़ादी और वक्त पाकर करना क्या है स्त्री को पता तो है नहीं! जवाब में कहा था मैंने—लेकिन समाज को पता है कि आज़ादी और वक्त पाकर वह सवाल करने लगेगी। वह परिस्थितियों की आलोचना और आत्मालोचन करने लगेगी। अच्छी पत्नियाँ ऐसा नहीं करतीं।

हम सबको अच्छी पत्नी चाहिए!

1960–80 के बीच स्त्रीवादी आंदोलन का दूसरा चरण बेहद मज़ेदार है। औरतें गुस्से में थीं, व्यंग्य और कटाक्ष का इस्तेमाल कर रही थीं, वे संगठित हो रही थीं, कार्यकर्ता, लेखक, अकादमिक जगत, पत्रकारिता से स्त्रियाँ एक होकर स्त्रीवादी आंदोलन में बढ़–चढ़ कर भाग ले रही थीं। इसी दौरान कुछ स्त्रीवादियों ने मिलकर एक पत्रिका *मिज़* (Ms.) शुरू की। इस पत्रिका के पहले ही इशू में एक व्यंग्य था—'मुझे एक पत्नी चाहिए' (I Want a Wife) जूडी ब्रैडी का लिखा हुआ। इस छोटे से व्यंग्य में वह लिखती हैं कि उन्हें ऐसी पत्नी की ज़रूरत है जो उनके बच्चों का ध्यान रखे, इसमें उन्हें खिलाने–पिलाने मोटा–ताज़ा बनाने, होमवर्क कराने, अच्छे संस्कार देने से लेकर कई काम होंगे, जो घर साफ़ रखे, मेरी दैहिक ज़रूरतों का ध्यान रखे, जब मेरा मूड न हो मुझे थकान हो तो अपनी चबड़–चबड़ से दिमाग न खराब करे, आदि–अनादि। अंत में वह लिखती हैं— आखिर दुनिया में किसे अच्छी पत्नी नहीं चाहिए? पत्नी यानी पत्नी, घरनी जिसके होने से घर भूत का डेरा न रहे। पत्नी यानी वह जो घर को स्वर्ग बनाती है, जिसके हाथों से रसोई में रस आता है, जो मकान को बसा कर घर बनाती है। इस चाहत का स्वीकार स्त्री के उस स्टीरियोटाइप रोल और अपेक्षाओं के प्रति गुस्सा और आक्रोश है जो उसे हैप्पी हाउस वाइफ़ मिथ में जीने को विवश कर रहा था। स्त्रियों को पत्नियाँ नहीं चाहिए बल्कि खुद के 'पत्नी' होने से मुक्ति चाहिए। गिरस्थी में खुद के इनडिसपेंसेबल होने की खुशी ख़ुशी नहीं गुलामी है !

बेट्टी फ्रीडन ने *फ़ेमिनिन मिस्टीक* लिखकर, शुलमिथ फ़ायरस्टोन ने

प्रसिद्ध अमरीकी स्त्रीवादी पत्रिका Ms. के एक अंक का मुखपृष्ठ

डायलेक्टिक्स ऑफ़ सेक्स लिखकर और केट मिलेट ने *सेक्शुअल पॉलिटिक्स* लिखकर इस दूसरे चरण के आंदोलन को प्रखर बनाने में पूरा योगदान दिया था। बराबर काम की बराबर तनख्वाह से लेकर घरेलू उत्पीड़न, गर्भपात के अधिकार के लिए संघर्ष, अपनी देह के प्रति सजगता, आवर बॉडीज़ आवर सेल्वस, सब इस आंदोलन के मुद्दे थे। यह और भी मज़ेदार था कि दूसरे चरण तक स्त्रियाँ घरेलू और कामकाज़ी के अलग-अलग मुद्दों और सोच में नहीं बँटी थीं। अपनी किताब के एक अध्याय, 'एक अनाम समस्या' (a problem that has no name) में बेट्टी फ्रीडन ने उन घरेलू स्त्रियों के जीवन की उस त्रासदी को उकेरा था जो अस्मिता के लिए छटपटाहट थी उनकी। एक ऐसी बीमारी जिसका वे खुद नाम नहीं जानती थीं। लेकिन अब घर से निकलने वाली स्त्री का जीवन उतना व्यवस्थित नहीं रह गया। घर अस्त-व्यस्त, कपड़े बिखरे हुए, बच्चे क्रेच में, धुलाई, सफ़ाई, कटाई, नपाई, अचार-पापड़-मुरब्बा-डोसा का वक्त खत्म! किसे चाहिए ऐसी पत्नी कि वह घर आए और पत्नी हाथ में मरीना स्विताएवा की कविताएँ लेकर बैठी हो या फ़ेसबुक पर पोस्ट लिख रही हो! स्त्री छटपटाने लगी, नई भूमिकाएँ और अपेक्षाएँ पुरानी ही। वह शिक्षित है, घर में एक महिमामण्डित गृहिणी की भूमिका में है, आधुनिक उपकरण उसकी रसोई में विराजमान हैं लेकिन कुछ है जो उसे खाए जा रहा है।

जब हम नौकरीपेशा औरतों को उनके घर गंदे रहने, बच्चों के क्रेच में जाने, फ़िट रहने, पुरुष-मित्र होने को लेकर जज करते हैं और अपने गृहिणी अवतार को जायज़ सिद्ध करने के लिए उन पर हमला करने की आदत से बाज़ नहीं आते, या अपने पतियों को 'अरे! आप रहने दें...' की आदत डालते हैं, स्त्री सहकर्मी से पूछते हैं उनके पति ने करवाचौथ या एनीवर्सरी पर क्या दिया? तब हम दुनिया के लैंगिक-विभाजन को और गहरा कर रहे होते हैं। जीवन में पत्नी बनना कोई मकसद नहीं हो सकता। स्त्री-पुरुष किसी का भी नहीं। अगर आपके आस-पास कोई बच्ची कहती हो कि वह बड़ी होकर पत्नी बनेगी तो सचेत हो जाइए कि आपके परिवेश में भयानक किस्म के जेण्डर विषाणु पनप रहे हैं। अगर आप रात को फ्रिज में दूध रखना और बचा हुआ खाना सँभालना सिर्फ़ पत्नी का कर्तव्य मानकर उसे फटकार रहे हैं, पत्नी के नौकरी से घर वापस आने पर दोनों बच्चों के साथ भूखे और फटेहाल दिखाई दे रहे हैं तो समझ जाइए कि आपको पतित्व से और पत्नी को पत्नीत्व के स्टीरियोटाइप

से निकलने और यह जूडी ब्रेडी का लेख पढ़ने की सख़्त ज़रूरत है जिसका अनुवाद मैं आगे दे रही हूँ।

मुझे एक पत्नी चाहिए[1]

''मैं उस वर्ग से आती हूँ जिसे आप 'पत्नी' के नाम से जानते हैं। मैं एक पत्नी हूँ और, एक माँ हूँ, जो कि पूर्णतः संयोग नहीं है।

बहुत पुरानी बात नहीं है जब हाल ही में अपने तलाक़ के बाद मेरा एक पुरुष मित्र ताज़ा-ताज़ा सीन में प्रकट हुआ। उसका एक बच्चा था, जो उसकी भूतपूर्व पत्नी से था। वह निश्चित रूप से एक और पत्नी तलाश रहा था। एक शाम कपड़े इस्तरी करते हुए मैंने उसके बारे में सोचा, अचानक मुझे लगा, मेरी भी एक पत्नी हो तो कितना अच्छा है। लेकिन मुझे एक पत्नी क्यों चाहिए?

मैं स्कूल वापस जाना चाहूँगी ताकि मैं आर्थिक रूप से आत्मनिर्भर बन सकूँ, अपना सहारा बन सकूँ, और, ज़रूरत पड़े तो उनका भी जो मुझ पर निर्भर हैं। मुझे एक पत्नी चाहिए जो काम करे और मुझे स्कूल भेजे। और जब मैं स्कूल जाऊँ तो मेरी पत्नी मेरे बच्चों का ध्यान रखे। मुझे एक पत्नी चाहिए जो मेरे बच्चों के (और मेरे भी) डॉक्टर और डेंटिस्ट अपॉइंटमेंट का ध्यान रखे। मुझे एक पत्नी चाहिए ताकि यह सुनिश्चित किया जा सके कि मेरे बच्चे ठीक से खाएँ और साफ़ रहें। मुझे एक पत्नी चाहिए जो मेरे बच्चों के कपड़े धोये और उनकी मरम्मत करे। मुझे एक पत्नी चाहिए जो मेरे बच्चों का ढंग से पालन-पोषण करने वाली परिचारिका हो, उनके स्कूल के इंतज़ाम करे, ध्यान रखे कि उनकी एक पर्याप्त सामाजिक ज़िन्दग़ी हो उनके दोस्तों के साथ, उन्हें पार्क, चिड़ियाघर वग़ैरह ले जाए। मुझे एक पत्नी चाहिए जो बीमार होने पर मेरे बच्चों का ख़याल रखे, एक पत्नी जो यह प्रबंध करे कि जब बच्चों को विशेष देखभाल चाहिए

---

1. न्यूयॉर्क की एक स्तम्भकार और स्त्रीवादी ग्लोरिया स्टायनेम *मिज़* पत्रिका की संस्थापक थी। जल्द ही जूडी साइफर्स ने अपना विवाह से पहले का नाम जूडी ब्रेडी ही अपना लिया। न्यूयॉर्क ने अपने पचास सालों के बेहतरीन लेखों को किताब रूप में 2017 में प्रकाशित किया उसमें इस लेख को पढ़ा जा सकता है और विभिन्न वेबसाइट्स पर भी यह लेख आसानी से उपलब्ध है, जिसे 70 के दशक का स्त्रीवादी घोषणापत्र भी कहा गया। अंग्रेज़ी से अनुवाद—सुजाता। यह निम्न वेबसाइट से लिया है :
https://www.thecut.com/2017/11/i-want-a-wife-by-judy-brady-syfers-new-york-mag-1971.html

हो तो वह उनके पास रहे, क्योंकि, निस्संदेह, मैं तो स्कूल में क्लास नहीं छोड़ सकती। मेरी पत्नी नौकरी से वक्त निकाले लेकिन नौकरी न जाने पाए। इसका मतलब हो सकता है कि पत्नी की तनख्वाह में छोटी-मोटी कटौती वक्त-वक्त पर होती रहेगी, पर मुझे लगता है मैं उसे बरदाश्त कर सकती हूँ। कहने की ज़रूरत नहीं, मेरी पत्नी नौकरी करती है इसलिए बच्चों की देख-भाल के लिए वह पैसा दे सकेगी।

मुझे एक पत्नी चाहिए जो मेरी शारीरिक ज़रूरतों का ध्यान रखे। मुझे एक पत्नी चाहिए जो घर को साफ़ रखे। मेरे इस्तेमाल करने के बाद चीज़ें समेटे। मुझे एक पत्नी चाहिए जो मेरे कपड़े साफ़ रखे, इस्तरी रखे, दुरुस्त रखे, जब ज़रूरत हो बदल दे, और जो यह ध्यान रखे कि मेरी निजी चीजें ठीक जगह पर रखी रहें ताकि जिस पल मैं ढूँढ़ूँ मुझे मिल जाएँ। मुझे एक पत्नी चाहिए जो अच्छा खाना बनाती हो। मुझे एक पत्नी चाहिए जो भोजन की योजना बनाए, किराने से सामान लाए, खाना बनाए, अच्छे से परोसे, और उसके बाद सफ़ाई करे जबकि मैं पढ़ने जाऊँ। मुझे एक पत्नी चाहिए जो मेरा ध्यान रखे जब मैं बीमार हो जाऊँ और मेरे दर्द को समझे, काम के नुकसान को लेकर मुझसे सांत्वना जताए। मैं चाहती हूँ कि जब हमारा परिवार छुट्टियाँ मनाने जाए तो पत्नी साथ चले ताकि कोई तो हो जो मेरा और मेरे बच्चों का ध्यान रख सके जब मुझे आराम चाहिए हो या माहौल का बदलाव।

मुझे एक पत्नी चाहिए जो हर वक्त पत्नी के कर्तव्यों के बारे में शिकायतें करके मुझे परेशान न करे। लेकिन मुझे एक पत्नी चाहिए जो मेरी बात सुने जब मुझे अपनी पढ़ाई के दौरान आई मुश्किल स्थिति के बारे में बात करने की ज़रूरत महसूस हो। और मुझे एक पत्नी चाहिए जो मेरे पेपर टाइप कर दे जब मैं उन्हें लिख डालूँ।

मुझे एक पत्नी चाहिए जो मेरे सामाजिक जीवन के ब्यौरों का ध्यान रखे। जब मेरे मित्र मुझे सपत्नीक आमंत्रित करें तो मैं चाहती हूँ कि मेरी पत्नी पीछे से बच्चे को रखने का इंतज़ाम करे। स्कूल के जिन लोगों को मैं पसंद करती हूँ जिनसे मिलना चाहती हूँ जब वे घर आएँ तो मैं चाहती हूँ कि मेरी पत्नी स्पेशल खाना बनाए, मुझे और मेरे मित्रों को परोसे और जब मैं और मेरे मित्र गपियाएँ तो बीच में बाधा न डाले। मुझे एक पत्नी चाहिए जो मेहमानों के आने से पहले बच्चों को खिला-पिला कर सुला दे ताकि वे हमें परेशान न करें।

और मुझे ऐसी पत्नी चाहिए जो समझे कि कभी-कभी मुझे अपने लिए भी एक रात घर से बाहर चाहिए।

मुझे एक पत्नी चाहिए जो मेरी यौन ज़रूरतों के प्रति संवेदनशील हो, पत्नी जो शिद्दत से प्यार करे और बेक़रार हो जब भी मुझे ज़रूरत हो और सुनिश्चित करे कि मेरी संतुष्ट हो गई। और हाँ, मुझे ऐसी पत्नी चाहिए जो मुझसे उस वक्त यौन-अपेक्षाएँ न करे जब मेरा मूड न हो। मुझे ऐसी पत्नी चाहिए जो गर्भ-नियंत्रण की ज़िम्मेदारी को ख़ुद समझे क्योंकि मुझे और बच्चे नहीं चाहिए। मुझे ऐसी पत्नी चाहिए जो यौन-सम्बन्धों में मुझसे वफ़ादार रहे ताकि मेरा अपना बौद्धिक जीवन ईर्ष्याओं के चलते अव्यवस्थित न हो जाए और वह यह समझे कि मेरी यौन-ज़रूरतें एक-पत्नीव्रत का सख़्त पालन करने से कहीं अधिक हो सकती हैं। आख़िरकार, मुझे लोगों से यथासम्भव अधिकाधिक मेलजोल रखना ज़रूरी है।

और अगर इत्तेफाक़ से, मुझे कोई और व्यक्ति मिल जाए जो पहले से मेरी पत्नी से अधिक उपयुक्त हो पत्नी के रूप में तो मुझे यह आज़ादी चाहिए कि मैं उस नए व्यक्ति को अपनी वर्तमान पत्नी की जगह ला सकूँ। स्वाभाविक है, मैं एक नयी और ताज़ा ज़िंदग़ी चाहूँगी; ऐसे में मेरी पत्नी मेरे बच्चों के लिए अकेले ज़िम्मेदार होगी ताकि मैं आज़ाद छोड़ दी जाऊँ।

जब मेरा स्कूल समाप्त हो और मेरे पास एक नौकरी आ जाए तो मैं चाहूँगी कि मेरी पत्नी अब काम छोड़ कर घर में रहे ताकि वह पत्नी के कर्तव्यों को और अच्छे से और सम्पूर्णता से निभा सके।

हे भगवान! ऐसा कौन होगा जिसे एक पत्नी नहीं चाहिए?''

यौनिक राजनीति : सेक्शुअल पॉलिटिक्स

औरतें गुस्से में थीं, वे सड़क पर थीं, वे पितृसत्ता के समूल नाश का स्वप्न संजोए थीं। एक और खास बात यह भी थी कि एक ओर स्त्रीवादी आंदोलन कर रही थीं, सड़कों पर थीं तो दूसरी ओर कुछ अकादमिक स्त्रीवादियाँ स्त्रीवादी आंदोलन का वैचारिक आधार तैयार कर रही थीं। केट मिलेट की किताब *सेक्शुअल पॉलिटिक्स* ऐसी ही एक किताब थी जिसने उस वक्त के स्त्रीवादी आंदोलन के लिए वैचारिक भूमि तैयार की।

द्वितीय चरण के स्त्रीवाद की जुझारू योद्धा मिलेट 14 सितम्बर 1934 को

मिनेसोटा में जन्मी और ऑक्सफ़ोर्ड यूनिवर्सिटी से पढ़ाई की। स्त्री के संदर्भ में 'पर्सनल इज़ पॉलिटिकल' की जो व्याख्या उसने की उसने स्त्रीवाद पर अब तक किए जा रहे काम में एक क्रांति ला दी। कोलम्बिया यूनिवर्सिटी में अपने डॉक्टरेट थीसिस के लिए केट ने *सेक्शुअल पॉलिटिक्स* नाम की जो किताब जमा की वह जब 1970 में छप कर आई तो स्त्रीवाद के लिए एक बड़ी उपलब्धि साबित हुई। इस थीसिस के छपने से पूर्व ही मिलेट का एक लेख 'सेक्शुअल पॉलिटिक्स' के नाम से आ चुका था जो बाद में किताब में दूसरे अध्याय के तौर पर शामिल किया गया। मिलेट इस किताब में बताती हैं कि कैसे पुरुषों ने स्त्री पर अपनी ताकत और सत्ता को बनाए रखने के लिए अपने अधिकारों को संस्थाबद्ध किया। पितृसत्तात्मक मूल्यों और संस्कारों को उन्होंने विश्लेषित किया जिससे इस धारणा को चुनौती मिली कि स्त्रियाँ सहज रूप से पुरुष से शासित होने के योग्य हैं। अंग्रेज़ी ऑनर्स पढ़ीं केट ने तीन लेखकों–नॉर्मन मेलर, हेनरी मिलर और डी. एच. लॉरेंस के यहाँ आए प्रेम–प्रसंगों को उठाते हुए बताया कि कैसे स्त्री के दमन में पुरुषत्व निखरता है और प्रेम में जेण्डर विभेद के नियम काम करते हैं। क्या लैंगिक राजनीति जैसी कोई चीज़ हो सकती है? मिलेट कहती हैं कि यह निर्भर करता है इस पर कि राजनीति का आप क्या अर्थ लेते हैं। निश्चित रूप से यह बेहद संकुचित अर्थ में कांग्रेस, भाजपा, बसपा, सीपीआई वाली राजनीति नहीं है। राजनीति से अर्थ है ताकत और सत्ता संरचना जो रिश्तों में भी काम करती है, जो समाज में एक वर्ग को दूसरे पर प्रश्रय देती है। एक को श्रेष्ठ और एक को हीन बनाती है। मिलेट ने लैंगिक परिप्रेक्ष्य में ही नहीं जाति, नस्ल, वर्ग के आधार पर होने वाले दमन को भी इस राजनीति यानी शक्ति संरचना में देखने की सिफ़ारिश की।

फ्रॉयड के मनोविश्लेषण पर निशाना साधते हुए मिलेट कहती हैं कि एक श्वेत मालिक और उसके अश्वेत नौकर के बीच का रिश्ता उनका निजी मसला नहीं है बल्कि एक नस्ल के दूसरी नस्ल पर नियंत्रण की तरह देखा जाना चाहिए। एक मज़ेदार उदाहरण दिया जा सकता है कि भारत में आज़ादी के बाद सन् पचहत्तर के आस–पास जो दहेज विरोधी आंदोलन हुए उनमें बहुतायत से यह बात सामने आयी कि दहेज हत्या और प्रताड़ना पर रिश्तेदारों और पड़ोसियों की चुप्पी के साथ–साथ पुलिस भी केस इसलिए दर्ज नहीं करती थी कि यह एक परिवार का 'निजी मसला' है। कोई अपनी पत्नी के साथ हिंसा करता है तो यह उसका निजी

सवाल एकदम नहीं हो सकता। पितृसत्ता उसे यह अधिकार और ताकत देती है कि वह स्त्रियों और बच्चों और कमज़ोरों के साथ हिंसा करे।

स्त्री-पुरुष सम्बन्धों को एक रोमाण्टिक प्रेम, जिसे स्त्रीवादियाँ सामंती प्रेम कहती हैं, के तहत देखने वाली मानसिकता के लिए यह सुन सकना आंदोलन की शुरुआत था कि दरअसल स्त्री-पुरुष सम्बन्धों के बीच भी एक राजनीति काम करती है जो गहरे हमारी नसों में धँसी हुई है। आज़ाद होने के लिए ज़रूरी है कि अपने युग के यौनिकता सम्बन्धी झूठों का पर्दाफाश किया जाए[2] जैसा फूको ने भी कहा। मर्दाना यौनिकता दमन का उपकरण है, स्टेटस सिम्बल है।[3]

1970 की *टाइम* मैगज़ीन के मुखपृष्ठ पर आने से मिली प्रसिद्धि ने मानो मिलेट को अपनी ओर खींच लिया। *टाइम* ने उन्हें स्त्रीवाद की 'माओ त्से तुंग' कहकर अभिहित किया। फलतः मिलेट भारी आलोचना का शिकार भी हुईं। लिबरल स्त्रीवादी भी उनकी विरोधी हुईं। समलैंगिकता के पक्ष में होने की वजह से बेट्टी फ्रीडन ने भी मिलेट की आलोचना की, बेट्टी को लगा कि इस तरह के विचलन आंदोलन को उसके सबसे तेज़ समय में बिखरा सकते हैं। बाद में एण्ड्रियड् वॉर्किन ने लिखा कि अपनी किताब *फ़ेमिनिन मिस्टीक* में बेट्टी ने स्त्री की जिस अनाम समास्या का ज़िक्र किया था, मिलेट ने उसी को नाम देने का काम किया। यह लैंगिक राजनीति की समस्या है। संस्थाबद्ध लैंगिक राजनीति और विवाह की संस्था इसका सबसे बड़ा मठ।

---

2. देखें, पेज-22, द *सेक्शुअल पॉलिटिक्स, केट मिलेट, कोलम्बिया यूनिवर्सिटी प्रेस, न्यूयॉर्क, 2016*
3. देखें, पेज-20, द *सेक्शुअल पॉलिटिक्स, केट मिलेट, कोलम्बिया यूनिवर्सिटी प्रेस, न्यूयॉर्क, 2016*

कैसा भविष्य चाहिए इस देश की स्त्रियों का!

प्रसिद्ध रूसी लेखक टॉल्स्टॉय की पत्नी सोफ़िया टॉल्स्टॉय, 25 जनवरी, 1875 को अपनी डायरी में लिखती हैं—

> मैं भी चाहती हूँ और सब कुछ कर सकती हूँ, लेकिन जैसे-जैसे यह एहसास दूर होता है, मुझे लगता है मैं न चाहती हूँ न कुछ कर सकती हूँ, सिवाय इसके कि अपने बच्चों का ध्यान रखूँ, खाऊँ, पियूँ, सो जाऊँ, पति और बच्चों को प्यार करूँ, जो वास्तविक ख़ुशी होनी चाहिए लेकिन यह मुझे उदास करता है और जैसा कल हुआ, मुझे रुलाता है।[1]

सोफ़िया जिन्होंने अपने विवाह की भारी कीमत चुकाई, 13 बच्चों को जन्म दिया। कौन नहीं जानता कि सोफ़िया ने अपने हाथ से लिखकर कई बार *वॉर एंड पीस* और *आना कारेनिना* की प्रतियाँ बनाईं। उनकी बुद्धिमत्ता की प्रशंसा टॉल्स्टॉय करते थे, लेकिन प्रशंसा के अलावा उस औरत के लिए क्या किया जा सकता है जिसे अपनी 13 संतानों को पालना है! बहुत सम्भव है कि *आना कारेनिना* की एक स्त्री पात्र ने यहीं से प्रेरणा ली हो जो कहती है—"हर साल या तो मैं बच्चे को जन्म दे रही होती हूँ या बीमार बच्चे को सँभाल रही होती हूँ, ऐसा लगता है मैं बहुत बीमार हूँ।"

कोई स्त्री जो अपनी पूरी ज़िन्दगी में बहुत बच्चे पैदा करेगी क्या वह कुछ भी और ऐसा कर पाएगी ज़िन्दगी में जो उसे अपने वजूद की सार्थकता का एहसास दिलाए? भूल जाइए कि उसका कोई करियर होगा। भूल जाइए कि वह सामाजिक उत्पादन में कोई भूमिका निर्वाह कर पाएगी। भूल जाइए कि उसके पास इतना वक्त होगा कि अख़बार पढ़े या समाचार चैनल चलाकर देखे कि किस राजनीतिक पार्टी ने अपने चुनावी घोषणा-पत्र में महिलाओं के मुद्दों को

1. देखें, पेज-319, द *सेकेंड सेक्स*, सीमोन द बुवा, विंटेज, 2011

जगह दी है, या नहीं दी है। करियर को भी जाने दीजिए एक बारगी, मैंने देखा है कि आज-कल शिक्षित माँएँ अपने बच्चों को बेहतरीन जीवन देने के लिए जान लगा देती हैं। स्कूल भी कम अपेक्षाएँ नहीं रखते अभिभावकों से। पूरा ध्यान न दीजिए तो बच्चा क्लास में ख़राब प्रदर्शन करेगा, हीन भावना का शिकार होगा। डिग्रियाँ लेने के बाद भी कुछ और करना न चाहकर, जिन स्त्रियों ने घर, बच्चे, पति को ही सहर्ष पहली प्राथमिकता माना उनसे भी दो से ज़्यादा बच्चों की ज़िम्मेदारी उठाई नहीं जाएगी।

अगर मातृत्व ही स्त्री को जीवन की सम्पूर्ण सार्थकता देता तो राससुंदरी देवी जान दाँव पर लगाकर, छिपकर अक्षर ज्ञान हासिल न करती। राससुंदरी देवी की आत्मकथा *आमार जीबोन* (1876) बांग्ला की पहली आत्मकथा है। अपनी माँ के वह बेहद करीब थी और अपनी आत्मकथा में लिखती भी है कि मृत्युशय्या पर पड़ी अपनी माँ के लिए वह कुछ नहीं कर पाई, उसे जाने नहीं दिया गया माँ के पास, अगर वह पुरुष होती तो इस मानवीय कर्तव्य को निभाने से उसे कोई न रोकता।[2] वह बताती है कि उसका एकमात्र अफ़सोस यह था कि लड़की होने की वजह से वह पढ़-लिख नहीं पाई, लेकिन आज जब लोग अपनी बेटियों को पढ़ा रहे हैं तो यह देखकर अच्छा लगता है, वे सब कितनी ख़ुशक़िस्मत हैं।[3] राससुंदरी देवी ने ग्यारह बच्चों को जन्म दिया और एक अजन्मा ही गर्भ में मृत हो गया। वह लिखती है—

> जब मेरा पहला बच्चा जन्मा मैं अठारह की थी और जब आख़िरी बच्चा जन्मा तब इकतालीस की। सिर्फ़ भगवान जानता है कि इन तेईस सालों में मैं किन हालात से गुज़री हूँ। किसी को भी इसका अनुमान नहीं हो सकता।[4]

रूसी कवि मरीना स्विताएवा अकेली ही तीन बच्चों को पाल रही थीं जिनमें एक बच्ची लगातार बीमार रहती थी, दूसरी को आर्थिक संकट के चलते

2. देखें, पेज-190, *विमेन राइटिंग इन इंडिया,* वॉल्यूम-1, सं-सूसी थारू, के. ललिता, ऑक्सफ़ोर्ड यूनिवर्सिटी प्रेस
3. देखें, पेज-196, *विमेन राइटिंग इन इंडिया,* वॉल्यूम-1, सं-सूसी थारू, के. ललिता, ऑक्सफ़ोर्ड यूनिवर्सिटी प्रेस
4. देखें, पेज-196, *विमेन राइटिंग इन इंडिया,* वॉल्यूम-1, सं-सूसी थारू, के. ललिता, ऑक्सफ़ोर्ड यूनिवर्सिटी प्रेस

अनाथालय भेजना पड़ा जहाँ उसकी मृत्यु हो गई। ऐसे में मरीना को महीनों कलम को छू भी सकने का समय नहीं मिलता था। न लिख पाने की पीड़ा का अनुमान लगाना मुश्किल है। एक स्त्री की और भी अधिक जबकि लेखक के रूप में उनके कर्ता होने को वह मान भी नहीं मिला जो पुरुष के लेखक होने को गम्भीरता से मिलता रहा। लिखने का संकट मरीना का अकेले का संकट था और तमाम जद्दोजहद के बाद भी वह घर, बच्चे और लेखन सँभाल नहीं पाई। धन का अभाव एक निरंतर चिंता बनी हुई थी। आखिर उसने आत्महत्या कर ली। क्यों करती हैं रचनात्मक मन की स्त्रियाँ आत्महत्या? अपने एक खत में वह लिखती है—

> रातभर बिस्तर पर बैठे रहना होता है। आल्या को 40.4 डिग्री बुखार है। मलेरिया है।...जी रही हूँ चारों ओर उदासीनता है। मैं और आल्या इस संसार में अकेली हैं। मास्को में कोई भी हमारी तरह अकेला नहीं। दूसरे बच्चों के पास कोई-न-कोई बैठा होता है और मैं उसे अकेली छोड़ने को विवश हूँ, जलाने की लकड़ी लाने के लिए बाहर निकलना ज़रूरी है।...पिछले कुछ दिनों से मैं इतनी सुखी थी: आल्या ठीक हो गई थी और मैं-दो महीनों के बाद-फिर से लिखने लगी थी—पहले से कहीं ज़्यादा और बेहतर।
>
> मैं पुस्तक तैयार कर रही थी। 1913 से 1915 तक की पुरानी कविताओं को फिर से ज़िन्दा कर रही थी, 20 वर्ष की उम्र की अपनी और दूसरों, जिन्हें मैं प्यार करती थी, की ज़िन्दगी में खो गई थी। और अब आल्या की अस्वस्थता। मैं लिखने में असमर्थ हूँ, लिखने का अधिकार नहीं क्योंकि लिखना विलासिता और आनंद में होना है, मैं चिट्ठियाँ लिख रही हूँ और किताबें पढ़ रही हूँ। इससे एकमात्र यही निष्कर्ष निकाल रही हूँ कि मेरे लिए एकमात्र विलासिता है कला, जिसके लिए मैं पैदा हुई हूँ।[5]

एक घर की बच्ची लगातार अपनी माँ को देखती है एक ख़ास तरह की भूमिका में, जिसे कहा जाता है यही औरत होना है। वह अपने पिता को देखती है एक ख़ास तरह की पोज़ीशन में और समझती है कि पुरुष होना यह है। वह माँ को प्यार करती है लेकिन उसके जैसा होने से बचना भी चाहती है। एक मोड़ पर

---

5. देखें, पेज-23, *इस बेसहारा वक़्त में,* मरीना स्विताएवा की कविताएँ,चयन व अनुवाद-वरयाम सिंह, प्रकाशन संस्थान, दिल्ली, 2013

उसे एहसास होता है कि उसके लिए सिर्फ़ औरत होना काफ़ी नहीं है जैसे माँ के लिए है। तब वह औरत के साथ कुछ और होना चाहती है। अध्यापिका, प्रोफ़ेसर, लेखक, डॉक्टर, इंजीनियर, सीईओ, पत्रकार, ब्लॉगर, शेफ़, चार्टर्ड अकाउंटेंट, मेट्रो ट्रेन की पायलट, टिकट-काउण्टर सँभालने वाली या रिसेप्शिनस्ट या कुछ भी। अक्सर घर और आस-पड़ोस का छोटा-सा समाज इसमें भी बाधाएँ पहुँचाता है। संघर्ष करके वह इस मंज़िल को पार करती है।

जब वह कुछ और हो जाती है तभी एक नया मोड़ अचानक आता है ज़िन्दगी में। अपने कार्य-क्षेत्र पर जब वह मिसोजिनी को झेलती है और उसे एहसास दिलाया जाता है कि 'कुछ और होना' भी दरअसल काफ़ी नहीं है इसलिए कि वह एक औरत है। कमतर होने की टिप्पणियाँ, किसी मर्द की कृपा पाकर आगे बढ़ने के ताने, वैवाहिक-जीवन या वैवाहिक-स्टेटस पर चर्चाएँ और कुछ नहीं तो वर्क-प्लेस की तमाम राजनीति से बाहर कर दिए जाने जैसे न दिखने वाले भेदभाव उसे एहसास कराते हैं कि उसका संघर्ष अभी ख़त्म नहीं हुआ है।

यूँ तो महिलाएँ ऐसी स्थितियों में भी समायोजन करने की कोशिश करती हैं। चुनौतियों का एक समुद्र पार करके थकी हुई वे चैन से घर-बार में रम जाना चाहती हैं भले ही इसके लिए कार्य-स्थल पर उसे फ़ॉर-ग्राण्टेड लिया जाने लगे। अपनी ओर से वह भरसक कोशिश करती है कि जितना और जैसा पाया है उसे काफ़ी समझे।

बहुत सचेत होकर सोचिए कि जो लोग स्त्रियों को जो राष्ट्रहित में बहुत बच्चे पैदा करने की सलाह देते हैं वे इस देश की स्त्रियों का कैसा भविष्य चाहते हैं?

बने-बनाए खाँचों से आज़ाद हो ज़िंदग़ी

क्या ज़िन्दगी जीने का कोई फ़ॉर्मूला होता है? कोई एक खाँचा होता है? कोई बना बनाया एक टेम्प्लेट? नहीं, ऐसा नहीं हो सकता, जो ऐसा सिखाए उसे प्यार से पास बिठाइए और एक कड़क चाय पिलाते हुए पूछिए-बॉस, कभी आज़ाद सपना देखा है? लीक से हटकर चलने की हिम्मत की है कभी? मालूम है तुम्हारे दायरे के बाहर दुनिया कितनी बड़ी है? कोई भी आकर समझा जाता है सही क्या है?

- शादी का सही समय क्या है?
- बच्चे पैदा करने का सही समय क्या है?
- एक सही आकार की सही देह क्या है?

– सही करियर क्या है?

बहुत से समझाने यह भी आएँगे कि सही खाना क्या है? और इसी तरह सही, सही सुनते हुए सही का एक मिथ गढ़ लेते हैं। यह सही और सामान्य भी उन्हीं लोगों से प्रभावित है जो अपने स्वार्थों और सुरक्षा के दायरे से कभी निकल नहीं पाए। एक परपीड़क आनंद लेते रहे यह देखकर कि चलो, इसे भी मिला लिया अपने वाले पाले में। जो एक विशाल दुनिया में अपने चारों तरफ़ दीवारें खड़ी करके जीता है वह इस सही वाले मापदंड पर नपकर सामान्य भले हो जाए, जीना उसे नहीं आया।

लेकिन सब लोग एक से कहाँ होते हैं। ज़िन्दगी का फ़लसफ़ा तो उन हालात से बनता है जिनमें आप पले और बढ़े हैं और उस सीख से जो आपकी पिछली पीढ़ी के अनुभव, परिस्थितियाँ और कष्टों से मिलती है। कोई एक ही तरीका नॉर्मल होता है- ऐसा कहना और मानना उन विशिष्टताओं को ख़ारिज करना है।

दो क़िस्से सुनाती हूँ

एक थी पण्डिता रमाबाई, जिन्होंने उन्नीसवीं सदी में बाल विधवा लड़कियों की शिक्षा के लिए स्कूल खोला और ताउम्र स्त्री-शिक्षा के लिए काम किया। रमाबाई के पिता संस्कृत के प्रकांड पण्डित थे और उस दौर में जब कहा जाता था कि जो औरतें पढ़ती हैं उनके पति मर जाते हैं, उनके पिता ने उन्हें संस्कृत की शिक्षा दी। ब्राह्मण समाज से उन्हें यह करने के लिए बहिष्कृत भी किया गया। बचपन अभावों में ही गुज़रा। पिता तो तब चल बसे जब रमाबाई 13 साल की थी लेकिन उसके हाथ में शिक्षा का मज़बूत हथियार दे गए। शिक्षा ने और भटकते-भटकते कलकत्ता पहुँचने तक जो अनुभव रमाबाई ने पाए उन्होंने ही रमाबाई को प्रेरित किया कि वे बाल विधवा हुईं लड़कियों को शिक्षित कर अपना जीवन सम्मान से जीने लायक बना सकें। रमाबाई का महत्त्व यह हो गया था कि अंग्रेज़ों के ज़माने में शिक्षा सुधारों पर जो हंटर कमीशन भारत आया था, उसके सामने उन्होंने बेहद महत्त्वपूर्ण सुझाव रखे थे— जैसे कि लड़कियों के स्कूल में महिला ही अध्यापक होनी चाहिए और लड़कियों को डॉक्टरी की पढ़ाई करवाई जानी चाहिए।[6]

---

6. विस्तार के लिए देखें, *रीराइटिंग हिस्ट्री : द लाइफ़ एण्ड टाइम्स ऑफ़ पंडिता रमाबाई*, उमा चक्रवर्ती, ज़ुबान, 2015

लूसी स्टोन स्त्री अधिकारों की पैरोकार थीं और एक मताधिकार आंदोलनकारी भी। उनका विवाह एक निराला विवाह था। वैवाहिक संरचना में घुसते ही स्त्री के क़ानूनी अधिकार, निजता, स्वतंत्रता सब ख़त्म हो जाती है और वह व्यक्ति के स्तर से नीचे केवल पति के स्वामित्व में रहने वाली सम्पत्ति की तरह हो जाती है। ये विचार लूसी को परेशान करते थे। वह विवाह नहीं करना चाहती थी। लेकिन समाज सुधारक हेनरी ब्लैकवेल ने उन्हें समझाया कि हमारा विवाह बाक़ी विवाहों की तरह नहीं होगा तो उन्होंने इसे स्वीकार किया और शादी के समय पति की 'आज्ञा' मानने वाली शर्त से इनकार किया। 1 मई 1855 को अपने विवाह के समय दोनों ने एक विवाह पत्र पर नहीं बल्कि विरोध-पत्र पर हस्ताक्षर किए। विवाह के बाद लूसी ने कभी अपना नाम नहीं बदलने की घोषणा की और कभी नाम नहीं बदला। स्त्री मताधिकार की बड़ी नेता एलिज़ाबेथ कैडी स्टैंटन ने लूसी को पत्र लिखकर बधाई दी और कहा कि बहुत समय से स्त्री अधिकार आंदोलन में ऐसा कुछ नहीं हुआ जिसने मुझे इतना ख़ुश किया हो जितना तुम्हारा अपने नाम पर अधिकार की घोषणा करना है। यह अपनी आज़ादी की तरफ़ पहला कदम है।[7]

लूसी स्टोन का विवाह-पत्र[8]

जबकि हम सार्वजनिक रूप से पति-पत्नी का रिश्ता अपनाते हुए अपने प्रेम को स्वीकृति दे रहे हैं, तब ख़ुद से और अपने मूल्यों से न्याय करते हुए, हम इसे अपना कर्तव्य मानते हैं कि इस कृत्य द्वारा हम वर्तमान वैवाहिक नियमों की आज्ञाकारिता को मान्यता नहीं दे रहे हैं जो कि एक पत्नी को मनुष्य का दर्जा नहीं देते, उसे एक तार्किक प्राणी नहीं मानते और पति को क़ानूनी ताक़त देकर उसके प्रभुत्व को स्थापित करते हैं, जोकि कोई सम्मानित पुरुष नहीं करेगा और जो किसी भी पुरुष को नहीं हासिल होने चाहिए। हम विशेष रूप से उन क़ानूनों

---

7. https://blogs.loc.gov/loc/2020/05/stone-blackwell-marriage-to-love-and-honor-but-not-obey/
8. अंग्रेज़ी में मूल विरोध-पत्र पढ़ने के लिए देखें, पेज-103-105, *फ़ेमिनिज़्म द एसेंशियल हिस्टॉरिकल राइटिंग्स,* मिरियम श्नाइर, विंटेज बुक्स, 1994। अंग्रेज़ी से अनुवाद—सुजाता।
स्रोत : Lucy Stone (1818-1893) and Henry Blackwell (1825-1909) marriage protest, May 1, 1855; reprinted 1897. Blackwell Family Papers, Manuscript Division, Library of Congress (020.00.00)

का विरोध करते हैं जो पति को—

1. पत्नी की कस्टडी देते हैं
2. संतान पर सम्पूर्ण अभिभावकत्व और नियंत्रण देते हैं
3. पत्नी के निजत्व और उसकी सम्पत्ति पर एकाधिकार देते हैं (अगर उसे पहले ही सेटल नहीं किया गया है या पागलपन, नाबालिग या मूर्ख होने की स्थिति में ट्रस्ट को नहीं सौंपा गया है)
4. उसके श्रम पर सम्पूर्ण अधिकार देते हैं
5. वह क़ानून जो एक विधुर को मृत पत्नी की जायदाद पर जितना और स्थायी हक़ देते हैं वैसे विधवा को मृत पति पर नहीं।
6. अंततः, विवाह की उस सम्पूर्ण व्यवस्था के ख़िलाफ़ जिसमें रहते हुए एक स्त्री के क़ानूनी हक़ हमेशा मुअत्तल रहते हैं। अधिकांश राज्यों में वह अपने निवास का स्थान नहीं चुन सकती, न अपनी वसीयत लिख सकती है, न अपने बलबूते पर केस कर सकती है, न सम्पत्ति की स्वयं मालकिन हो सकती है।

हम मानते हैं कि निजी स्वतंत्रता और बराबर मानव अधिकार किसी सूरत में ज़ब्त नहीं किए जा सकते, अपराध की स्थिति को छोड़कर। विवाह एक बराबरी की और स्थायी सहभागिता होनी चाहिए और इसी रूप में क़ानून द्वारा मान्य होनी चाहिए। जब तक विवाह इस रूप में मान्य नहीं होगा तब तक विवाहित जोड़े को ऐसे कानूनों का विरोध करने का यथाशक्ति प्रयास करना चाहिए।

हम मानते हैं जहाँ घरेलू समस्याएँ खड़ी होती हैं, मौजूदा कानूनों के तहत किसी कचहरी में अपील नहीं करनी चाहिए, बल्कि बराबरी से सामंजस्य करते हुए या चुने हुए मध्यस्थ के साथ उन्हें सुलझाना चाहिए।

इस तरह क़ानून में अपनी श्रद्धा व्यक्त करते हुए हम उन नियमों और रवायतों के ख़िलाफ़ विरोध दर्ज करते हैं जो अपने नाम के ही अनुरूप नहीं हैं, अन्यायपूर्ण हैं, क़ानून की आत्मा का उल्लंघन हैं।

हस्ताक्षर

हेनरी बी. ब्लैकवेल

लूसी स्टोन

क्या हम इन शख़्सियतों को उसी पैमाने पर तौलकर इनके साथ न्याय कर सकेंगे? ऐसे तमाम लोग जिनका हम नाम भी नहीं जानते, ऐसे तमाम लोग जो अपनी ज़िन्दगी में अपना रास्ता ख़ुद बनाते हैं, जो अपनी ज़िन्दगी का फ़लसफ़ा किसी से उधार नहीं लेते, ऐसे ही तमाम लोग हम सबकी प्रेरणा बनते हैं। दुखद बस इतना ही है कि हम दूर से तो प्रेरणा लेते हैं लेकिन अपने आस-पास ऐसे लोग हों तो हम हमेशा उनके जीने के तरीकों की आलोचना/निंदा करते हैं, उन्हें लानतें भेजते हैं।

सामान्य या सामाजिक नियम जिसे आप कहते हैं, कोई पहली और आख़िरी चीज़ नहीं है। कोई ऐसी चीज़ नहीं है कि जिसकी कीमत पर हमें विशिष्टता को, नायाब और निराले को खो देना चाहिए।

क्या भारत की स्त्रियों को बिना संघर्ष किए मिला मताधिकार?

जब स्त्रियों के संदर्भ में भारत के गौरवशाली अतीत की बातें होती हैं और *मनुस्मृति* से उद्धरण दिया जाता है—यत्र नार्यस्तु पूज्यंते रमंते तत्र देवता! तो साथ ही मंचों से अक्सर यह भी सुनने को मिलता है कि जैसे बाक़ी देशों में महिलाओं को मताधिकार पाने के लिए संघर्ष करने पड़े भारत में आज़ादी की सुबह होते ही उन्हें झोले में मताधिकार मिल गया। कोई संघर्ष नहीं करना पड़ा जो भारतीय संस्कृति की उदारता का परिणाम है। लेकिन सच यह है कि दुनिया भर में स्त्रियों के मताधिकार आंदोलन (suffrage movement) में भारतीय स्त्रियाँ सार्वभौमिक बहनापे (universal sisterhood) के तहत शामिल थीं। ब्रिटिश भारत में स्त्रियों ने न सिर्फ़ स्त्रियों के लिए मताधिकार की माँग की बल्कि बिना किसी भेदभाव सभी को वोटिंग का अधिकार दिए जाने की माँग उठाई।[1] स्त्री संगठनों ने न सिर्फ़ स्त्रियों को बिना भेदभाव मताधिकार देने की माँग की बल्कि बिना भेदभाव सभी वयस्क लोगों को मताधिकार देने का मुद्दा उठाया।

स्त्री की नागरिकता का सवाल

अमरीका और इंग्लैंड जैसे देशों में उन्नीसवीं सदी की शुरुआत से ही औरतों की नागरिकता के सवाल उठने शुरू हो गये थे। डेक्लेरेशन ऑफ़ इनडिपेंडेंस यानी अमरीकी आज़ादी की तर्ज़ पर 1848 के सेनेका फ़ॉल्स कन्वेंशन में 68 महिलाओं और 32 पुरुषों ने डेक्लेरेशन ऑफ़ सेंटीमेंट्स पर हस्ताक्षर किए और सरकार के सामने औरतों को पूर्ण नागरिकता दिए जाने, वोटिंग का अधिकार दिए जाने के उद्देश्य के लिए प्रतिबद्धता जताई। बीसवीं सदी की शुरुआत के दशक में यह

---

1. देखें, पेज–86, *नागरिकता का स्त्री पक्ष*, अनुपमा रॉय, वाणी प्रकाशन, 2019

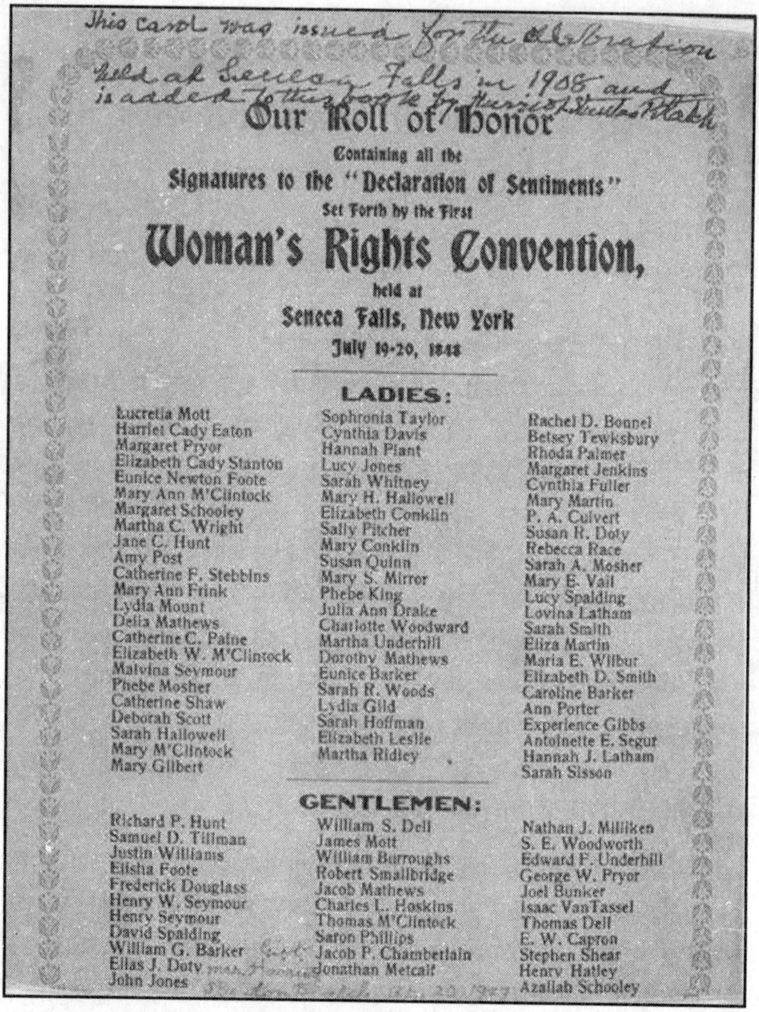

This card was issued for the celebration held at Seneca Falls in 1908 and is added to this book by Harriot Stanton Blatch

Our Roll of Honor

Containing all the

Signatures to the "Declaration of Sentiments"

Set Forth by the First

Woman's Rights Convention,

held at

Seneca Falls, New York

July 19-20, 1848

LADIES:

Lucretia Mott
Harriet Cady Eaton
Margaret Pryor
Elizabeth Cady Stanton
Eunice Newton Foote
Mary Ann M'Clintock
Margaret Schooley
Martha C. Wright
Jane C. Hunt
Amy Post
Catherine F. Stebbins
Mary Ann Frink
Lydia Mount
Delia Mathews
Catherine C. Paine
Elizabeth W. M'Clintock
Malvina Seymour
Phebe Mosher
Catherine Shaw
Deborah Scott
Sarah Hallowell
Mary M'Clintock
Mary Gilbert
Sophronia Taylor
Cynthia Davis
Hannah Plant
Lucy Jones
Sarah Whitney
Mary H. Hallowell
Elizabeth Conklin
Sally Pitcher
Mary Conklin
Susan Quinn
Mary S. Mirror
Phebe King
Julia Ann Drake
Charlotte Woodward
Martha Underhill
Dorothy Mathews
Eunice Barker
Sarah R. Woods
Lydia Gild
Sarah Hoffman
Elizabeth Leslie
Martha Ridley
Rachel D. Bonnel
Betsey Tewksbury
Rhoda Palmer
Margaret Jenkins
Cynthia Fuller
Mary Martin
P. A. Culvert
Susan R. Doty
Rebecca Race
Sarah A. Mosher
Mary E. Vail
Lucy Spalding
Lovina Latham
Sarah Smith
Eliza Martin
Maria E. Wilbur
Elizabeth D. Smith
Caroline Barker
Ann Porter
Experience Gibbs
Antoinette E. Segur
Hannah J. Latham
Sarah Sisson

GENTLEMEN:

Richard P. Hunt
Samuel D. Tillman
Justin Williams
Elisha Foote
Frederick Douglass
Henry W. Seymour
Henry Seymour
David Spalding
William G. Barker
Ellas J. Doty
John Jones
William S. Dell
James Mott
William Burroughs
Robert Smallbridge
Jacob Mathews
Charles L. Hoskins
Thomas M'Clintock
Saron Phillips
Jacob P. Chamberlain
Jonathan Metcalf
Nathan J. Milliken
S. E. Woodworth
Edward F. Underhill
George W. Pryor
Joel Bunker
Isaac VanTassel
Thomas Dell
E. W. Capron
Stephen Shear
Henry Hatley
Azaliah Schooley

1848 के सेनेका फ़ॉल्स कन्वेंशन का डेक्लरेशन ऑफ़ सेंटिमेंट्स, जिस पर 68 महिलाओं और 32 पुरुषों ने हस्ताक्षर किए और स्त्रियों को मताधिकार दिए जाने के उद्देश्य के प्रति प्रतिबद्धता जताई।

राजनीतिक चेतना, नागरिकता के लिए स्त्री की संघर्ष यूरोप और रूस तक में व्याप्त हो चुके थे। कामकाज़ी औरतों के मुद्दे भी आंदोलन का रूप ले चुके थे। उन्होंने समान काम के लिए समान वेतन, काम के घण्टे कम करने और वोट डालने के अधिकार की बात सरकारों के सामने रखी।

इंग्लैंड में एक भारतीय सफ़रेजेट

स्वतंत्रता, समानता, लोकतंत्र और अधिकारों की लड़ाई में दुनिया भर के देश एक-दूसरे से प्रेरणा लेते और देते हैं। महाराजा दुलीप सिंह[2] की बेटी सोफ़िया दुलीप सिंह[3] 1907 में गोपाल कृष्ण गोखले और लाला लाजपत राय को सुनकर बहुत प्रभावित हुई।[4] आगे इंग्लैंड में 1909 में स्त्री मताधिकार आंदोलन की नेताओं को सुनते हुए उसे आज़ादी के दोनों स्वरों में बेहद समानता दिखाई दी। उसने फ़ैसला किया कि अब अपना जीवन सफ़रेज आंदोलन के नाम करेगी। उसकी दो बहनें भी स्त्री मताधिकार आंदोलनकारी थीं। 1911 में हज़ारों स्त्री मताधिकार आंदोलनकारियों की भीड़ में भारतीय महिलाओं के समूह में सोफ़िया प्रमुखता से शामिल थी। प्रथम विश्वयुद्ध के समय भारतीय सैनिकों की सेवा में नर्स की तरह भी काम किया।

> सोफ़िया इंग्लैंड में एक साँवली राजकुमारी थी जो एक 'गद्दार' पिता की पुत्री थी, ऐसा राजा जो अपना सब कुछ खो चुका। आजीवन वह हमेशा निगरानी में रही। एक अदृश्य आँख हमेशा उस पर बनी रही। उसकी और उसके करीबियों की हर गतिविधि रिकॉर्ड होती रही और जासूसों ने हमेशा नज़र बनाए रखी।[5]

---

2. महाराजा रणजीत सिंह के सबसे छोटे बेटे जिन्हें, एंग्लो-सिख युद्ध के बाद 5 साल की उम्र में गद्दी पर बिठाया गया। 15 साल की उम्र में देश निकाला दिया गया तो इंग्लैंड चले गए। रानी विक्टोरिया इनकी कई संतानों की गॉडमदर थी। सोफ़िया की भी। इसके बावजूद उसने ब्रिटिश प्रशासन के खिलाफ़ कई काम किए।
3. 8 अगस्त, 1876 में इंग्लैंड में जन्म।
4. देखें, पेज-204-7, *सोफ़िया प्रिंसेस, सफ़रेजेट, रेवोल्यूशनरी,* अनिता आनंद, ब्लूमसबरी, 2015
5. देखें, भूमिका पेज-xv, *सोफ़िया प्रिंसेस, सफ़रेजेट, रेवोल्यूशनरी,* अनिता आनंद, ब्लूमसबरी, 2015

स्त्री मताधिकार आंदोलनकारियों से गाँधी ने भी सीखा

1906 में गाँधी जब इंग्लैंड गए तो मताधिकार आंदोलनकारी स्त्रियों से बेहद प्रभावित हुए। इस आंदोलन की नेता एमेलाइन पैंख्रस्ट के नारे 'Deeds better than words' ने उन्हें आकर्षित किया। इसी शीर्षक से उन्होंने इंडियन ओपिनियन में एक लेख लिखा —

> उन्होंने (स्त्री मताधिकार आंदोलनकारी) याचिकाएँ लिखीं, पत्र लिखे, भाषण दिए और कई तरीके इस्तेमाल किए. पिछले बुधवार उन्होंने हाउस ऑफ़ कॉमंस तक कूच की और कुछ तोड़-फोड़ भी की जिसके लिए उन सब पर 5 पाउंड का जुर्माना लगाया गया। सबने इनकार किया और बदले में जेल गईं। तीन महीने तक की जेल। वे सब सम्भ्रांत घरों से आती थीं और उनमें से कुछ बेहद पढ़ी-लिखी थीं।[6]

मताधिकार आंदोलनकारियों के सत्याग्रही तरीकों, भूख हड़ताल यह सब गाँधी ने देखा और प्रभावित हुए लेकिन आगे चलकर यह आंदोलन जैसे ही उग्र हुआ और आंदोलनकारियों ने योजनाबद्ध तरीके से पत्थरबाज़ी और तोड़-फोड़ की, यह गाँधी को माकूल नहीं लगा।

मोंटेग्यू-चेम्सफ़ोर्ड के लिए मताधिकार की माँग करता महिलाओं का डेलीगेशन गम्भीर नहीं महज़ रोचक घटना थी

भारत के तत्कालीन सचिव एड्विन मोंटेग्यू ने 20 अगस्त 1917 को घोषणा की कि 'भारत में एक जवाबदेह सरकार बनाने के लिए धीरे-धीरे स्वशासन की संस्थाओं का विकास किया जाएगा।' आयरिश स्त्रीवादी मागरेट कजिंस[7] और सरलादेवी

---

6. देखें, पेज-230, *सोफ़िया प्रिंसेस, सफ़रेजेट, रेवोल्यूशनरी,* अनिता आनंद, ब्लूमसबरी, 2015
7. आयरलैंड में 1878 में एक प्रोटेस्टेंट परिवार में जन्मी मागरेट कज़िंस 1908 में 'आयरिश विमेन फ्रेंचाइज़ लीग' की एक संस्थापक थीं, शिक्षाविद् और स्त्री मताधिकार आंदोलन में बेहद सक्रिय थीं। 1910 में हाउस ऑफ़ कॉमंस (संयुक्त राज्य संसद का निचला सदन) तक मार्च करने वाली महिलाओं में थीं। इस वजह से उन्हें एक महीने तक गिरफ़्तार करके रखा गया। 1915 में भारत आईं और 1917 में एनी बेसेंट के साथ 'विमेंस इंडियन एसोसिएशन' बनाई। 1922 में पहली महिला जज बनीं और 1927 में 'अखिल भारतीय महिला कॉन्फ्रेंस' (AIWC) की स्थापना की।

चौधरानी द्वारा संगठित वीमेंस इंडियन एसोसिएशन के एक डेलीगेशन से भेंट के लिए मोंटेग्यू से समय माँगा। इसी समय महिलाओं के लिए मताधिकार का मुद्दा उठा और तैयारी के बाद 15 दिसम्बर 1917 को सरोजिनी नायडू के नेतृत्व में 14 महिलाओं का एक प्रतिनिधिमंडल मोंटेग्यू और चेम्सफ़ोर्ड से मिला। मोंटेग्यू-चेम्सफ़ोर्ड सुधारों में इसका कोई उल्लेख नहीं मिलता। लेकिन मोंटेग्यू ने इसे अपनी डायरी में एक रोचक घटना की तरह दर्ज किया और—'बम्बई की एक बहुत ही अच्छी दिखने वाली महिला डॉ. जोशी, एक कवयित्री तथा बहुत ही आकर्षक और चतुर, किंतु दिल से क्रांतिकारी (ऐसा वे मानते हैं) महिला सरोजिनी नायडू तथा बम्बई की एक प्रसिद्ध मताधिकारवादी और मिसेज़ बेसेंट की जमात की एक महिला मिसेज़ कजिंस'[8] का उल्लेख किया।

स्त्रियों को अपनी माँगों की वैधता साबित करनी थी ताकि उन्हें गम्भीरता से लिया जाए

औरतों की इस माँग को हल्के में लिया गया। जैसे बच्चे कुछ भी माँग सामने रख देते हैं, उस पर विचार करने से पहले उनके अभिभावकों से अनुमोदन लेना होता है। ठीक इसी तरह महिलाओं के लिए ज़रूरी था कि देश के पुरुष इस माँग से सहमत हों। स्त्रियाँ भी अपने पुरुष राष्ट्रवादी साथियों से इस मुद्दे पर टकराव करने से बचना चाहती थीं। ऐसे में कांग्रेस के भीतर स्त्रियों के मताधिकार का प्रस्ताव पारित किया जाना ही एक रास्ता था।[9] दिल्ली में दिसम्बर 1918 में कांग्रेस के 33वें अधिवेशन में सरलादेवी चौधरानी ने महिला मताधिकार के पक्ष में प्रस्ताव पारित किया जिसकी बैठक में तरफ़दारी की गई और फिर इस तरह के प्रस्ताव देश भर में पारित हुए।

स्त्री-अधिकार की माँग अक्सर ही सम्भ्रांत औरतों की माँग कहकर टाल दी जाती थी

मोंटेग्यू-चेम्सफ़ोर्ड सुधारों में तो मताधिकार की बात शामिल नहीं हो पाई लेकिन इसके बाद साउथबरा कमिटी ने भारत की यात्रा की और फिर से एक महिला

8. देखें, पेज-139, *नागरिकता का स्त्री पक्ष,* अनुपमा रॉय, वाणी प्रकाशन, 2019
9. देखें, पेज-140, *नागरिकता का स्त्री पक्ष,* अनुपमा रॉय, वाणी प्रकाशन, 2019

प्रतिनिधिमंडल ने इससे मुलाक़ात की। कमिटी ने औरतों को मताधिकार न देने का फ़ैसला किया जिसके निम्नलिखित तर्क दिए[10]—

- यह एक सीमित माँग है, सिर्फ़ कुछ शिक्षित स्त्रियों की। 'सामान्य तौर पर' महिलाएँ मताधिकार नहीं चाहतीं।
- भारत में मताधिकार देने की मुश्किलें हैं कि यहाँ औरतों पर सामाजिक पाबंदियाँ बहुत हैं।
- साक्षरता कम है, पर्दा है, मतदान करने में व्यावहारिक दिक्कतें आएँगी।
- महिला मताधिकार का विरोध एक धार्मिक भावना की तरह है जिसे उकसाना 'खतरनाक' होगा।

ख़ुद भारतीय स्त्रियाँ भी नहीं चाहती थीं कि स्त्री मताधिकार की माँग विदेशी शासन के सामने भारतीय साथी पुरुषों से एक सेक्स-वॉर में तब्दील हो जाए। मताधिकार के अलावा वे राष्ट्रीय आंदोलन के अन्य पक्षों से भी जुड़ी हुई थीं, मताधिकार उनका अकेला मसला नहीं था। उन्होंने इस बात का ख़ास ध्यान रखा कि वे मुख्यधारा की राष्ट्रवादी राजनीति से कट न जाएँ।[11]

ऐसा नहीं कि उन्हें मताधिकार और नागरिकता के सवाल की बहुत चिंता नहीं थी, लेकिन इसके लिए राष्ट्रवादी आंदोलन के बीच लगातार दबाव डालना एक अलग चुनौती थी। उपनिवेश होने के नाते इन मताधिकारवादियों को समर्थन के लिए लगातार ब्रिटेन जाना पड़ता था ताकि उनकी संसद को अपने पक्ष में किया जा सके; वे निरंतर ब्रिटिश स्त्रीवादी संगठनों और व्यक्तियों पर निर्भर थीं ताकि अपने हित में राय को बदला जा सके।[12] गवर्नमेंट ऑफ़ इंडिया बिल पर विचार करने के लिए गठित कमिटी ने भी इसे ख़ारिज कर दिया। 1919 में एक ब्रिटिश संसदीय समिति ने माना कि यह मुद्दा 'घरेलू दायरे' में आता है और प्रांतीय समितियाँ इस पर विचार करें। ध्यान रखें, 1918 तक ब्रिटेन में आंशिक रूप से स्त्रियों को मताधिकार मिल चुका था।

---

10. देखें, पेज-141, *नागरिकता का स्त्री पक्ष*, अनुपमा रॉय, वाणी प्रकाशन, 2019
11. देखें, पेज-241, *इंडियन सफ्रेजेट्स*, सुमिता मुखर्जी, ऑक्सफ़ोर्ड यूनिवर्सिटी प्रेस, 2018
12. देखें, पेज-241, *इंडियन सफ्रेजेट्स*, सुमिता मुखर्जी, ऑक्सफ़ोर्ड यूनिवर्सिटी प्रेस, 2018

राजनीतिक अधिकारों की राह मुश्किल है

प्रांतीय विधायिकाओं में 1929–30 तक सम्पत्ति के आधार पर महिलाओं को मताधिकार दिया गया लेकिन विधायिकाओं में बैठने का हक़ नहीं मिला। 1926 में कांग्रेस ने दो महिलाओं—कमलादेवी चट्टोपाध्याय और एम. हन्नान एंजेलो को चुनाव लड़ने का मौका दिया।[13] अफ़सोस कि दोनों ही जीत नहीं पाईं लेकिन 1927 में मुत्थुलक्ष्मी रेड्डी को मद्रास लेजिस्लेटिव काउंसिल में मनोनीत किया गया।

सम्पत्ति को शर्त बनाना और पत्नी होने को शर्त बनाना स्त्री संगठनों के विरोध का मुद्दा बना। वीमेंस एसोसिएशन और वीमेन कॉन्फ्रेंस ने साइमन कमीशन का विरोध किया क्योंकि इसमें सात पुरुष थे और सातों ही गोरे। कांग्रेस ने गोलमेज़ सम्मेलन में भाग न लेने का फ़ैसला किया क्योंकि इरविन ने इसमें सरोजिनी नायडू, मुथुलक्ष्मी रेड्डी और रामेश्वरी नेहरू को शामिल करने की बजाय केवल इस पर विचार करने की बात कही। साइमन कमीशन ने यह माँग ठुकरा दी। दूसरे गोलमेज़ सम्मेलन में इरविन–गाँधी समझौते के बाद कांग्रेस और बाक़ी महिला संगठनों ने शिरकत की। दबाव देने पर एक भारतीय मताधिकार समिति गठित की गई जिसके सामने अपनी सिफ़ारिशें ड्राफ़्ट करने के लिए सरोजिनी नायडू की अध्यक्षता में इन सात लोगों की टीम बनी–हंसा मेहता, ताराबेन प्रेमचंद, फ़ैज़ तैयबजी, मार्गरिट कज़िंस, हिला फर्दूनजी, शरीफा हामिल अली, मालिनि ई सुख्तांकर और रानी लक्ष्मीबाई रजवाड़े।[14]

एक और समिति लोथियन समिति भारत के गाँवों का दौरा करने निकली कि पता लगाएँ–असली औरतें क्या चाहती हैं? घूम-फिरकर यह तय किया कि ये अभी मताधिकार के लायक नहीं हैं क्योंकि अशिक्षित, अज्ञानी हैं और घर के पुरुषों की राय से ही वोट करेंगी। गवर्नमेंट ऑफ़ इंडिया एक्ट 1935 ने भी स्त्री मताधिकार को ख़ारिज कर दिया। ऑल इंडिया विमेंस कॉन्फ्रेंस (AIWC) लगातार स्त्री मताधिकार को प्रचारित करती रही। अंततः भारतीय संविधान के लागू होने

13. देखें, पेज-72, *विमेंस स्ट्रगल, अ हिस्ट्री ऑफ़ द ऑल इंडिया विमेंस कॉन्फ्रेंस,* 1927–2016, अपर्णा बसु, भारती रे, मनोहर, 2018
14. देखें, पेज-73, *विमेंस स्ट्रगल, अ हिस्ट्री ऑफ़ द ऑल इंडिया विमेंस कॉन्फ्रेंस,* 1927–2016, अपर्णा बसु, भारती रे, मनोहर, 2018

के साथ ही यूनिवर्सल अडल्ट सफ़रेज हासिल हो सका यानी सभी वयस्कों को वोट डालने का अधिकार हासिल हुआ जो स्त्री-संगठनों की मूल माँग थी।

ऑल इंडिया विमेंस कॉन्फ्रेंस (AIWC) का 1939 में युद्ध विरोधी प्रपत्र

इस दौर में महिलाएँ अपने अधिकारों के साथ-साथ राष्ट्रीय और वैश्विक राजनीति पर भी खुलकर लिख और बोल रही थीं। दूसरे विश्वयुद्ध के दौरान ऑल इंडिया वीमेंस कॉन्फ्रेंस ने युद्ध विरोधी स्टैंड लिया था।

> दुनिया भर में आज के हालात की गम्भीरता को देखते हुए और यह विश्वास करते हुए कि नए क़ानून एक अनिवार्य आवश्यकता हैं, हम एक उपाय के रूप में युद्ध के प्रति अपनी नफ़रत को फिर से बल देते हैं। हम पूर्ण और चिरकालिक रूप से हर तरह के दमन और शोषण के ख़िलाफ़ होने की घोषणा करते हैं। ऑस्ट्रिया और चेकोस्लोवाकिया के विश्वासघात से, स्पेन में बाहरी बहकावे और आंतरिक संघर्ष के जारी रहने से, यहूदियों के बेरहम उत्पीड़न से, फिलीस्तीन में निंदनीय हस्तक्षेप और क्रूरता से, चीन में अनुचित अतिक्रमण से, हम दुखी और भयाकुल हैं। इन सभी विपदाओं और त्रासदियों को समाप्त करने में दुनिया की तथाकथित महा-शक्तियों की अक्षमता उनके दृष्टिकोण और पद्धति की निरर्थकता की प्रमाण है। हम दुनिया की औरतों से यह अपील करते हैं कि अहिंसा के मंच पर एकजुट हों और सक्रिय रूप से यह प्रदर्शित करें कि इसी शक्ति से घृणा और कब्ज़े की इच्छा को नियंत्रित किया जा सकता है और एक वास्तविक व स्थायी शांति स्थापित की जा सकती है।[15]

तो भारत में भी मताधिकार हो या बाक़ी बराबरी, गिफ़्ट में नहीं बल्कि मुश्किल दौर में लगातार संघर्ष से ही हासिल हो सका।

---

15. अखिल भारतीय महिला कॉन्फ्रेंस (AIWC) के बम्बई में हुए तेरहवें सत्र से। अध्यक्ष : मालिनीबाई सुख्तांकर, 1939 (अनुवाद—सुजाता) संदर्भ के लिए देखें, पेज-94, *डोक्यूमेंटिंग फ़र्स्ट वेव फ़ेमिनिज़्म,* वॉल्यूम-1, सं. मॉरीन मॉयनाग और नैंसी फ़ोर्स्टेल, यूनिवर्सिटी ऑफ़ टोरोंटो प्रेस, 2012

स्त्रियाँ जो इतिहास की नज़र में न शहीद थीं, न विक्टिम और न नायिका

भारत में सुधारवादी आंदोलनों की शुरुआत स्त्रियों को केंद्र में रखकर पुरुषों के नेतृत्व में हुई। राजा राम मोहन राय, विवेकानंद, दयानंद सरस्वती, ईश्वरचंद्र विद्यासागर, ज्योतिबाफुले वे नायक थे जिन्होंने सामाजिक बुराइयों की जड़ में लैंगिक भेदभाव को लक्ष्य किया और समझा कि अपने ही सहजीवन के साथी किस गर्त में पड़े हैं। लेकिन इन्हें भारतीय स्त्रीवादी आंदोलन नहीं कहना चाहिए। ये सुधारवादी आंदोलन थे जिनके केंद्र में स्त्री थी। स्कॉटिश इतिहासकार जेम्स मिल की 1826 में आई किताब *हिस्ट्री ऑफ़ ब्रिटिश इंडिया* किसी समाज के उन्नत होने के मानक के रूप में स्त्री की दशा को चिह्नित करती थी और भारतीय सामाजिक स्थितियों में स्त्रियों की दुर्दशा को चित्रित करती थी। अंग्रेज़ी पढ़ा-लिखा भद्र लोक उस ओरिएंटल नज़रिए की फ़िक्र करने लगा जिसके हिसाब से भारतीय स्त्रियों की दशा बेहद शोचनीय थी।[1]

सती प्रथा, बाल विवाह, विधवाओं की दुर्गति, अशिक्षा तमाम ऐसी बातें थीं जिनके लिए शिक्षित भारतीय पुरुष के पास कोई जवाब नहीं था। वह ईसाई मिशनरियों और अंग्रेज़ अफ़सरों से प्रभावित हुआ।[2] तो यह पहला कर्तव्य हुआ कि स्त्रियों को इस जहालत से बाहर निकाला जाए। यह भद्र-लोक असल में मध्यवर्गीय था। इसलिए स्त्री की एक इच्छित मध्यवर्गीय छवि बनाई गई। ऐसी नई स्त्री जो भद्र-लोक के बीच रहने के काबिल भी हो और परम्परागत भूमिकाएँ भी निभाना जानती हो। ऐसी

---

1. देखें, पेज-30, *विमेन इन मॉडर्न इंडिया,* गेराल्डाइन फ़ोर्ब्स, फ़ोर्ब्स, केम्ब्रिज यूनिवर्सिटी प्रेस, 1996
2. देखें, पेज-95-107, *Feminism and Nationalism in India*, 1917~1947 Aparna Basu, *Journal of Women's History*, Volume 7, Number 4, Winter 1995, Published by Johns Hopkins University Press

शिक्षा के प्रसार के लिए सुधारवादी एक हुए। हिन्दुस्तानी सभ्यता की आलोचना से जूझने के लिए एक ऐसे स्वर्ण युग का मिथक भी तैयार किया गया जिसके अनुसार स्त्री एक समय पुरुष की बराबरी पर थी, सम्मानित थी।[3]

फुले दम्पत्ति, ताराबाई शिंदे और पण्डिता रमाबाई जैसी ईसाई, भारतीय स्त्री-सुधारकों को यहाँ एक अलग राह पर देखा जा सकता है। इसलिए भी वे सुधारवादियों की नज़र में बहुत देर नहीं टिकतीं क्योंकि स्त्री-सुधार का जो मानक सुधारवादियों का तय किया गया था उस पर ये खरे नहीं उतरते। सुधारवादियों में भी एक धड़ा मानता था कि समाज-सुधार को बाद में देखा जाएगा पहले राजनीतिक-सुधार होना चाहिए और संस्कृति को नहीं छेड़ना चाहिए। जबकि एक पक्ष मानता था कि सामाजिक-सुधार पहले हों और कुरीतियों, अंधविश्वासों से मुक्ति पाई जाए। भले इसके लिए प्राचीन परम्पराओं को बदलना पड़े। लेकिन दोनों तरह के सुधारवादियों में एक वैचारिक समानता थी कि वे घर और राष्ट्रीय आंदोलन को अलग रखना चाहते थे।[4]

यह एक मुश्किल चीज़ थी क्योंकि अगर हम स्त्री की सच्ची मुक्ति के लिए प्रयासरत हैं तो घर की संरचना पर भी उसका असर पड़ता ही। इसलिए भी सुधारवादियों की अधिकांश कोशिशें स्त्रियों को अच्छी गृहिणी और माँ बनाने पर केंद्रित थी। वे स्त्रियों की परम्परागत छवि को ही धो-पोंछ कर सामने रखना चाहते थे।

यह मानना भी इतिहास को एकांगी नज़रिए से देखना ही होगा कि समाज सुधारों की शुरुआत यूरोपीय संस्कृति के टकराव से हुई और विदेशी, पश्चिमी नज़रिए के बरअक्स अपनी छवि को लेकर भारतीय शिक्षित पुरुषों की चिंता में स्त्री का उत्थान हुआ। यह मानने का मतलब होगा कि उपनिवेश बनाए गए देश का अपना कोई इतिहास नहीं रहा और उसकी कोई गति न थी। चीन पहुँचे मिशनरी मेक गोवान ने वहाँ पैर बाँधने की प्रथा के ख़िलाफ़ आंदोलन चलाया था जिसका तुरंत तो नहीं लेकिन बाद में सुधारों को तेज़ करने में ख़ूब

---

3. देखें, पेज-96 *Feminism and Nationalism in India*, 1917-1947 Aparna Basu, *Journal of Women's History*, Volume 7, Number 4, Winter 1995, Published by Johns Hopkins University Press
4. देखें, पेज-15, *विमेन इन मॉडर्न इंडिया,* गेराल्डाइन फ़ोर्ब्स, फ़ोर्ब्स, केम्ब्रिज यूनिवर्सिटी प्रेस, 1996

असर हुआ, उसने जो किताब लिखी थी अपने अनुभवों पर उसका शीर्षक था हाउ *इंग्लैंड सेव्ड चाइना* और इस शीर्षक से उस श्रेष्ठता बोध को समझा जा सकता है जो सेवा-कार्य करते हुए भी प्राच्य समाज के प्रति उनके मन में था। ऐसा नहीं था कि साम्राज्यवादी, उपनिवेशक ने पितृसत्तात्मक संरचनाओं का ही उन्मूलन कर दिया था और देशी स्त्रियों को बचा लिया था। एक तरफ़ यह श्रेष्ठता बोध था तो दूसरी ओर देशी सुधारकों की आत्म-छवि और आत्म-सम्मान था। इस सबके बीच सबसे ज़रूरी बात यह थी कि क्या इन दोनों के प्रयासों में सचमुच ही स्त्री नामक मादा-मनुष्य की कोई चिंता थी? वह क्या सोचती है? क्या चाहती है?

पंडिता रमाबाई के लिए भी एक ओर अपने देश-समाज में जूझने को एक ब्राह्मणवादी पितृसत्ता और सुधारकों का एक वर्ग था जो सोचता था कि पुनर्विवाह व्यवस्थाओं की स्थापना करके विधवाओं की स्थिति को सुधार सकेंगे, जबकि ये प्रयास उनकी स्थिति सुधारने के लिए बेहद अपर्याप्त हैं, तो दूसरी ओर चर्च की हायरार्की, जिसके सामने वह बहुत समय तक आँख मूँदकर नतमस्तक होने के लिए तैयार नहीं हुई। रमाबाई के पत्रों में इस बाबत विवरण भरे हुए हैं।

अठारहवीं और उन्नीसवीं सदी में भारत आने वाले अंग्रेज़ और ईसाई मिशनरी सुधारवादियों के शिक्षा के प्रति नज़रिए को प्रभावित कर रहे थे। बंगाल और महाराष्ट्र में अंग्रेज़ीदाँ कुलीन पुरुष ने जब सुधार की कमान अपने हाथों में ली तो स्त्री-शिक्षा के लिए लगभग मिशनरियों वाला ही मॉडल अपनाया। लेकिन यह चिंता बराबर बनी हुई थी कि अंग्रेज़ी शिक्षा, जैसी भारतीय पुरुष पा रहा है, वह स्त्री को मिली तो वह अपना स्त्रियोचित स्वभाव खो देगी, घर के काम नहीं करेगी, पुरुषों की प्रतिस्पर्धी हो जाएगी। इसलिए उन्हें वह शिक्षा दी जाए जो उन्हें घर के काम करने में मदद करे।[5] स्त्री-मुक्ति को लेकर बंगाली भद्र-लोक की अवधारणा भी काफ़ी हद तक हिन्दू समाज के पितृसत्तात्मक नियमों के आधार पर संशोधित थी।[6] फिर भी ऐसी स्त्रियाँ हुईं जिन्होंने अपनी रीढ़ की हड्डी सीधी

5. देखें, पेज-142, गोपाल गणेश अगरकर, *द रेशनिस्ट रिफ़ॉर्मर,* अरविंद गनाचारी, पोपुलर प्रकाशन, मुंबई, 2005

6. देखें, पेज-1167, *मार्जिनलाइज़ेशन ऑफ़ विमेंस पॉपुलर कल्चर इन नाइंटींथ सेंचुरी बेंगाल,-* सुमंता बैनर्जी, किताब- *रीकास्टिंगविमेन, : एसेज़ इन कॉलोनियल हिस्ट्री,* सं. कुमकुम संगारी व सुरेश वैद, ज़ुबान बुक्स, नई दिल्ली, 1986

रखी और स्वयं पर भरोसा किया। संघर्ष किए और अपना-अपना वजूद बनाया। भले ही वे संख्या में बहुत कम थीं। सुधारवादियों की नज़र में ये न पीड़िताएँ थीं न नायिकाएँ।

इतिहास की नज़र से ये विद्रोही स्त्रियाँ लम्बे समय तक ओझल रहीं। कहना चाहिए कि इतिहास-लेखकों ने इन्हें खोजने की ईमानदार कोशिशें नहीं कीं।

सावित्रीबाई : स्त्री-शिक्षा की अलख

सावित्रीबाई का जन्म 1831 में हुआ और 9 वर्ष की उम्र में ही 1840 में 13 वर्षीय ज्योतिबा फुले से विवाह हो गया। यह विवाह इसलिए अनोखा था कि सावित्री को पति नहीं एक शिक्षक मिला। स्त्री-शिक्षा के पक्षधर अंग्रेज़ों ने ज्योतिबा की सहायता की और ज्योतिबा-सावित्री समाज का तमाम विरोध सहकर भी अंधविश्वास, अशिक्षा, अन्यायपूर्ण वर्ण व्यवस्था के ख़िलाफ़ काम करते रहे।

1 जनवरी 1848 को पुणे के बुधवार पेठ में लड़कियों का पहला स्कूल खोला गया और सावित्रीबाई उसकी पहली शिक्षिका बनीं। सावित्रीबाई ने कविताएँ भी लिखीं और नैतिकता, नशाखोरी सम्बन्धी कुछ भाषण भी दिए। शूद्रों के ऐतिहासिक दमन के प्रति वे जानकार और सजग थीं। अंग्रेज़ी पढ़कर 1855 में उन्होंने टॉमसन क्लार्कसन की जीवनी को पढ़ा। इस जीवनी में उनके संघर्षों की दास्तान थी। बताया गया कि कैसे काले लोगों पर होने वाले जुल्मों का क्लार्कसन ने विरोध किया था। यह महत्त्वपूर्ण था कि दमित स्वदेशी जातियों को विश्व के अन्य दमित समूहों के आंदोलनों की जानकारी हासिल हो। 70 के दशक में जब स्त्री-संगठन फिर से भारत में बनने शुरू हुए तो जाति और जेंडर के आधार पर महाराष्ट्र में समता सैनिक दल की स्थापना हुई। इस दल ने अपने घोषणा-पत्र के अंत में डॉ.अम्बेडकर को याद किया और लिखा - और हम कामना करते हैं कि अमरीकी स्त्री आंदोलन की हर कार्यकर्ता को सफलता मिले और एंजेला डेविस और स्त्री-अधिकार-सेना की हमारी बहनों को...।

शिक्षा और वह भी अंग्रेज़ी शिक्षा शूद्रों को जहालत और शोषण से मुक्ति दिला सकती है इसमें सावित्रीबाई का यकीन पक्का हो चला जो कि उनकी कई कविताओं से ज़ाहिर होता है। स्त्री-शिक्षा की वे ज़बरदस्त पैरोकार बनीं। इस युगल ने अपने आस-पास न जाने कितने जीवनों को प्रभावित किया होगा। फ़ातिमा शेख

और सगुणा भी ज्योतिबा की ही शिष्या थीं और सत्यशोधक समाज को चलाने में, शिक्षा की अलख जगाए रखने में उनके योगदान की चर्चा स्वयं सावित्रीबाई ज्योतिबा को लिखे अपने पत्रों में करती हैं।[7] तमाम तनाव झेलकर भी इस क्रांतिकारी-युगल का साहस नहीं चुका। कैसा अदम्य था वह सावित्रीबाई के ज्योतिबा को लिखे इस पत्र के अंतिम अंश में देख सकते हैं—

> उपरोक्त विषय में पढ़कर आप समझ गए होंगे कि जिस तरह से पूना में हमारे विरोध में दुष्प्रचार करने वाले, ज़हर फैलाने वाले, निंदक, लोगों को भड़का कर झगड़ा करवाने वाले भारी संख्या में सक्रिय हैं ठीक उसी तरह यहाँ सतारा में भी इसी तरह के लोग हमारे विरुद्ध सक्रिय हैं। लेकिन उन दुष्ट लोगों से भयभीत होकर हम अपने लक्ष्य से नहीं डिगेंगे। अपने हाथ में लिया शिक्षा का कार्य, *महार-माँग*, स्त्रियों को पढ़ाने का काम हम हरगिज़ नहीं छोड़ेंगे। हमारे जीवन का एक-एक क्षण, एक-एक पल लोगों को शिक्षित करने और हर समय उनकी भलाई करने और उन्हें स्वाभिमानी बनाने में देना होगा। हमें विश्वास है कि हम सफल ज़रूर होंगे। भविष्य में किए कार्यों का समय मूल्यांकन ज़रूर करेगा, इससे अधिक और क्या लिखूँ... ।[8]

1848 वही साल था जब स्त्री मताधिकार के लिए अमेरिका में सेनेका फ़ॉल्स कन्वेंशन हुआ था और जहाँ स्त्री मताधिकार के लिए एक प्रपत्र पर स्त्रियों और पुरुषों ने हस्ताक्षर किए थे। यह दौर अमरीका में दास-प्रथा—विरोधी आंदोलनों का था और स्त्री-अधिकारों की जागृति का था। सावित्रीबाई ने स्त्रियों को संगठित करने का भी प्रयास किया और एक 'महिला-मंडल' का गठन किया।

विधवाओं को बाल काट कर कुरूप बनाने का रिवाज़ स्त्रियों के लिए बेहद कष्टकारी था। पंडिता रमाबाई ने भी अपने जीवन में लगातार इसके ख़िलाफ़ बोला, लिखा विरोध किया कि क्यों स्त्रियों को विधवा होने पर ऐसे विकृत किया जाता है! सावित्रीबाई ने नाइयों से अनुरोध करना शुरू किया कि वे विधवाओं के बाल

---

7. देखें, पेज-103, *सावित्रीबाई फुले रचना समग्र*, सं. रजनी तिलक, अनु.: शेखर पवार, दि मार्जिनल पब्लिकेशन, 2017
8. देखें, पेज-106 *सावित्रीबाई फुले रचना समग्र*, सं. रजनी तिलक, अनु.: शेखर पवार, दि मार्जिनल पब्लिकेशन, 2017

न काटें। पुणे जो उस वक्त ब्राह्मणवाद का गढ़ था वहाँ ऐसे क्रांतिकारी कामों को अंजाम देना ख़तरे से ख़ाली नहीं था। सावित्रीबाई और ज्योतिबा ने इसके लिए पर्याप्त प्रताड़ना और अपमान सहा। उस्मान शेख़ ने फुले दम्पत्ति के साथ मिलकर प्रौढ़ शिक्षा की शुरुआत की। इन्हीं उस्मान शेख़ की बहन फातिमा शेख़ सावित्रीबाई की विद्यार्थी भी थीं और सहयोगी भी बनीं। फातिमाबाई के हवाले आश्रम का सारा काम छोड़कर सावित्रीबाई निश्चिंत होकर कहीं जा सकती थीं।

24 सितम्बर 1873 को उन्होंने एक और महत्त्वपूर्ण शुरुआत की 'सत्यशोधक समाज' की स्थापना से। सत्यशोधक समाज का उद्देश्य ही था दलितों को ब्राह्मणवादी शोषण, पुरोहितों के ज़ुल्मों से निजात दिलाना और उनमें एकजुटता और चेतना जाग्रित करना। ज्योतिबा की मृत्यु के बाद सावित्री इसकी अध्यक्षा बनीं। अछूत बस्तियों में प्लेग पीड़ित लोगों की सेवा करते-करते उनकी मृत्यु हुई।

सावित्रीबाई के बनाए स्कूल की ही एक छात्रा थी मुक्ताबाई। ग्यारह साल की इस बच्ची ने एक निबंध लिखा था—'माँग महारचा दुखविषयी' जो 188 5 में प्रकाशित हुआ। स्कूल में मिली शिक्षा ने इस छात्रा की समझ को विस्तार दिया, नई रौशनी दी और इस लायक बनाया कि वह अपनी और अपने समाज की स्थितियों की आलोचना कर सके। वह कहती है लड़की जिसे जानवरों से भी कमतर समझा जाता है, इस लायक हो गई है कि अपने लोगों की पीड़ा को समझ सकती है। मुक्ताबाई की बौद्धिक क्षमता का अंदाज़ा इस निबंध की इस पंक्ति से लगाया जा सकता है कि-अगर वेदों का सम्बन्ध ब्राह्मणों से है तब यह एक खुला रहस्य है कि हमारे हाथों में किताबें क्यों नहीं हैं![9]

ताराबाई शिंदे : अंग्रेज़ीदाँ कुलीन पुरुष के दोगलेपन पर चोट

सवा सौ साल पुराना 1882 में लिखा ताराबाई शिंदे का एक प्रसिद्ध निबंध है स्त्री-पुरुष तुलना जो मूल मराठी में है और उन्नीसवीं सदी के भारतीय नवजागरण या स्त्री-संघर्ष का इतिहास पढ़ने वाले उससे परिचित हैं। ताराबाई ज्योतिबा और सावित्री फुले से प्रभावित तो थीं ही उनके साथ काम भी किया । *स्त्री-पुरुष तुलना* में ताराबाई ने नए-नए आधुनिक हुए और अंग्रेज़ी शिक्षा पाए भारतीय भद्र-पुरुष

9. पूरा निबंध पढ़ने के लिए देखें, पेज-71-75, *अ फ़ोरगॉटन लिबरेटर, द लाइफ़ एंड स्ट्रगल ऑफ़ सावित्रीबाई फुले*, सं. ब्रज मोहन मणि, पामेला सरदार, माउंटेन पीक, नई दिल्ली

समाज की कड़े शब्दों में आलोचना की है और स्त्रियों के प्रति उनकी दोगली और विद्वेषभरी नीति की पोल भी खोली है। निबंध पुरुषों को ही सम्बोधित भी है। इस निबंध की शुरुआत ही इस वाक्य से होती है— "आजकल सभी अखबारों में अबलाओं के बारे में बहुत कुछ लिखा जाता है, फिर भी यह महाअनर्थ मिटाने के लिए आपमें से कोई प्रयास नहीं कर रहा है, इसका क्या कारण होगा?"[10]

क्या कारण होगा? यह कोई मामूली सवाल नहीं है। इसमें उस पितृसत्तात्मक और सामंती परम्परा की ओर स्पष्ट इशारा है जिसके भीतर स्त्री को यथास्थिति में बनाए रखने के लिए तमाम प्रपंच किए गए। शिक्षा से दूर रखने से लेकर आधुनिक शिक्षा के नाम पर उसे महज़ एक महिमामण्डित घरेलू स्त्री बनाकर रखने की मर्दाना इच्छा की अभिव्यक्ति तक।

आगे निबंध में ताराबाई सभी शास्त्रों और पौराणिक आख्यानों *रामायण, महाभारत,* सावित्री की आलोचना करती हैं। उनकी स्वाभाविक जिज्ञासा है कि स्त्री का चरित्र इतनी आलोचनाओं का शिकार बनता है, पतिव्रता की सीख उसे दी जाती है, लेकिन क्या वजह है कि वेद व्यास लिखें तो द्रौपदी या अहल्या या बाली राज की पत्नी भी सती सावित्री हो जाती है?[11] मतलब साफ़ है कि सर्टिफ़िकेट बाँटने का काम पितृसत्ता का है इसलिए उन्हीं के नियमों से चलना चाहिए। शास्त्रों की असलियत भी वे समझ रही हैं कि शास्त्रों और पुराणों के उदाहरण देकर नारी को किस प्रकार झुकाया जा रहा है।[12]

स्त्रियों से जुड़ी तमाम कहावतें ताराबाई की आलोचना की वस्तु बनी हैं। 'स्त्रियश्चरित्रंपुरुषस्यभाग्यं देवो न जानति कुतो मनुष्यः' विधि लिखित का दोष स्त्री के सर पर डालने का क्या तुक है? स्त्री समस्त पुण्यों को हर लेती है जैसी कई उक्तियाँ लेख में आती हैं और यह साफ़ दिखाई देता है कि संस्कृति और नैतिकता के स्रोत धर्म में पैबस्त स्त्री-द्वेष को वे पकड़ पा रही हैं। एक जगह बाक़ायदा एक किताब की उन्होंने आलोचना की है—

---

10. देखें, पेज-19, ताराबाई शिंदे, *स्त्री-पुरुष तुलना,* मराठी से अनु.: जुईपालेकर, संवाद प्रकाशन, 2015
11. देखें, पेज-21,22, ताराबाई शिंदे, *स्त्री-पुरुष तुलना,* मराठी से अनु.: जुईपालेकर, संवाद प्रकाशन, 2015
12. देखें, पेज-23, ताराबाई शिंदे, *स्त्री-पुरुष तुलना,* मराठी से अनु.: जुईपालेकर, संवाद प्रकाशन, 2015

> *स्त्री चरित्र* नामक किताब में स्त्रियों के 'साहस' के बारे में किसी पुरुष ने ही लिखा है। वह कितना सच है, इसका प्रमाण कहीं नहीं है। महलों में रहने वाली स्त्रियाँ कितने कड़े पहरे में रहती हैं। रात में चाहे पुरुष-वेश में ही सही, राजमहल से बाहर निकलना उनके लिए मुश्किल ही नहीं असम्भव है। पहरेदारों से बच निकलना क्या आसान है? और न ही सारे पहरेदार नमकहराम होते हैं। अरे! जिन्होंने राजमहल के बाहर की धूप शायद ही देखी हो, वे अपना सारा ऐश्वर्य, विलासी जीवन छोड़ किसी गुसाईं, साधु के लिए इतना साहस कर पाएँगी? ऐसा तो हो ही नहीं सकता। राजहंस मोतियों को छोड़कर भी कुछ खाते हैं कभी? फिर उन्हें भूखा ही क्यों न रहना पड़े! वेश्याएँ जो करती हैं, वह उनके लिए केवल व्यवसाय है। उनका सारा ध्यान तो अपनी आमदनी पर होता है, मनुष्य पर नहीं। *स्त्री चरित्र* में एक बात इतनी वीभत्स लिखी है कि पाठक ही शरमाए। इससे तो यही साबित होता है कि लेखक कितना नीच और असभ्य है। उच्च स्तर के साहित्य के लिए श्रृंगार, हास्य तथा विरह रस प्रधान अवश्य माने जाते हैं परंतु ग्रंथकर्ताओं के लिए यह भी ज़रूरी है कि वे सत्य का ध्यान रखें।[13]

ताराबाई यहाँ स्त्री-पाठक हैं जो एक पुरुष के लिखे में असत्य के अंश महसूस करती है। वह उसकी भाषा और कल्पनाओं को उसी तरह सहज होकर नहीं पढ़ पातीं जैसे कोई पुरुष पढ़ता होगा। तमाम पुरुष ऐसे ही पढ़ते आए हैं शास्त्रों को, पुराणों, अखबारों, किताबों को जो उन्होंने खुद लिखीं, कि उन्हें कुछ भी असहज नहीं करता, कुछ भी नहीं खटकता। राजमहल की स्त्री यौनानंद के लिए ख़तरे उठाकर किसी साधु के साथ भाग जाए यह ताराबाई को हज़म नहीं होता। वे दो कारण देती हैं कि राजमहल में रहने वाली स्त्री कड़े पहरे में होती हैं, जोकि एकदम ठीक है। दूसरा कि, महलों का राजहंस मोती से कम कुछ नहीं चुगेगा। मुझे लगता है कि इससे ज़्यादा उपयुक्त वजह यह है कि राजमहल में रहकर स्त्री

13. देखें, पेज-37 ताराबाई शिंदे, *स्त्री-पुरुष तुलना*, मराठी से अनु.: जुईपालेकर, संवाद प्रकाशन, 2015

का यह करना मर्द की फंतासी हो सकती है, यथार्थ में तो यह आन-बान-शान का मामला बनता और राजा इसके लिए हत्याएँ और युद्ध तक कर डालते हैं। जो भी हो, स्त्री का पाठ भी होगा यह पुरुष लेखक लम्बे समय तक सोच ही नहीं पाए थे।

जिस तरह अंग्रेज़ीदाँ कुलीन पुरुष स्वयं उन्मुक्त हो रहा था और पाश्चात्य शैली को अपना रहा था लेकिन अपनी स्त्रियों को घरेलू और पारम्परिक ही बनाए रखना चाहता था, इसकी ख़ूब कड़ी आलोचना अपने निबंध *स्त्री-पुरुष तुलना* में ताराबाई शिंदे ने की। उन्होंने ब्राह्मणवादी और धर्म के नाम पर पाखण्ड करने वाले भारतीय पुरुषों को तीखी भाषा में लताड़ा। वह लिखती हैं—

> ईश्वर की निंदा के लिए मैं क्षमा प्रार्थी हूँ परंतु इसके सिवा दूसरा उपाय भी तो नहीं । शास्त्रों और पुराणों का उदाहरण देकर नारी को किस प्रकार झुकाया जा रहा है, यह तो समझना चाहिए ना![14]

ताराबाई ने महाराष्ट्र में कुलीन पुरुषों के समाज सुधार की भी ख़ूब आलोचना की जो अंग्रेज़ों के उपनिवेशवाद से मुक्ति की बात करता था, लेकिन अपने घरों को उपनिवेश ही बनाकर रखना चाहता था। एक नई बनती हुई स्त्री-चेतना उनमें दिखाई देती है। जैसे ब्राह्मणवाद से मुक्ति के लिए दलित समाज संघर्षरत था, पितृसत्ता से मुक्ति की छटपटाहट इन प्रबुद्ध स्त्रियों में सुनाई देना शुरू हो गई थी।

स्त्री मुक्ति का घोषणा-पत्र : हिन्दू स्त्री का जीवन

ब्राह्मणवादी पितृसत्ता की सबसे साफ़ और व्यवस्थित तरीके से पहचान सर्वप्रथम पंडिता रमाबाई ने की। उनकी किताब *हिन्दू स्त्री का जीवन* स्त्री-मुक्ति का घोषणा-पत्र है। इस किताब के ज़रिए पहली बार स्त्री-शोषण और मुक्ति की वैचारिक ज़मीन को समझने की कोशिश की गई। एक तथाकथित उच्च कुल में जन्म लेने वाली हिन्दू स्त्री ग़ुलाम पैदा नहीं होती बल्कि वह 'कैसे औरत बनाई जाती है' इस प्रक्रिया को तार्किक और क्रमबद्ध तरीके से रमाबाई इस किताब में बताती हैं। रमाबाई का जीवन एक स्त्रीवादी का जीवन है जो आजीवन पितृसत्ता

---

14. देखें, पेज-28, ताराबाई शिंदे, *स्त्री-पुरुष तुलना*, अनु.: जुईपालेकर, संवाद प्रकाशन, 2015

से जूझती रहीं लेकिन अक्सर ही उन्हें ईसाई बन जाने के कारण इतिहास में उपेक्षा झेलनी पड़ी। बचपन में ही अपने परिवार के सदस्यों को एक-एक करके मरता देखने वाली रमाबाई के लिए केवल एक सकारात्मक बात थी वह यह कि उनके पिता अनंत शास्त्री डोंगरे सुधारवादी थे, जिन्होंने समाज के ख़िलाफ़ जाकर, ब्राह्मण-समाज से बहिष्कृत होकर अपनी पत्नी और बच्चों को संस्कृत की शिक्षा दी। बंगाल पहुँचकर रमाबाई स्त्री-शिक्षा के सम्बन्ध में जगह-जगह भाषण देने के लिए विख्यात हो चुकी थीं। अपनी विद्वत्ता के चलते रमाबाई को बंगाल के सुधारवादियों और प्रबुद्ध नेताओं की सभा में 'पंडिता' और 'सरस्वती' की उपाधि मिली। यहाँ उन्होंने एक शूद्र से विवाह करके घर बसाया। लेकिन डेढ़ महीने में ही पति की भी मृत्यु हो गई। एक नवजात बेटी को लेकर वह पुणे लौटीं। यहाँ से वह इंग्लैंड गईं अध्यापन का प्रशिक्षण लेने और वहीं से अमरीका। अमरीका में ही उन्होंने यह किताब लिखी अंग्रेज़ी में *द हाई कास्ट हिन्दू वुमेन* ताकि इसे बेचकर भारत लौटने का टिकट और भारत में हिन्दू विधवाओं के लिए स्कूल खोलने के लिए आवश्यक सामग्री ख़रीदी जा सके।

हिन्दू स्त्री का जीवन में रमाबाई ने वेदों और *मनुस्मृति* से वे उद्धरण प्रस्तुत किए हैं जो स्त्रियों के जीवन को नियंत्रित करने वाली उस व्यवस्था की ओर इशारा करते हैं जिसे पितृसत्ता कहते हैं। रमाबाई इसलिए भी यह कर सकीं क्योंकि वह ब्राह्मण थीं और उनके पिता ने उन्हें संस्कृत की शिक्षा दी थी। स्त्रीवादी लेंस से वेदों, अन्य ग्रंथों और *मनुस्मृति* को पढ़ते हुए रमाबाई ने पाया कि सभी मतों में भले ही पर्याप्त भिन्नता हो लेकिन स्त्री के प्रति दृष्टिकोण को लेकर सभी सहमत हैं।[15]

वह लिखती हैं—

> जो व्यक्ति मूल संस्कृत साहित्य को कठिन परिश्रम व निष्पक्षता से पढ़ते हैं, यह पहचानने में कभी धोखा नहीं खा सकते कि आचार-संहिता निर्माता मनु उन कई सौ लोगों में से एक है, जिसने दुनिया की नज़रों में स्त्रियों को घृणास्पद जीव बनाने में अपना सारा ज़ोर लगा दिया।[16]

---

15. देखें, पेज-40, पंडिता रमाबाई, *हिन्दू स्त्री का जीवन,* अनु.: शम्भु जोशी, संवाद, 2006
16. देखें, पेज-64, पंडिता रमाबाई, *हिन्दू स्त्री का जीवन,* अनु.: शम्भु जोशी, संवाद, 2006

संस्कृत ब्राह्मण ग्रंथों का रमाबाई का अध्ययन सूक्ष्म था। वह मैक्समूलर के अनुवादों को सामने रखकर साफ़ करती हैं कि कैसे ब्राह्मणों ने *ऋगवेद* के श्लोकों के साथ खेल किया।[17] वह सप्रमाण बताती हैं कि कैसे दुष्ट पुरोहितों ने सती-प्रथा को वेद-सम्मत बताने के लिए *ऋगवेद* के पद्यांश को ग़लत अर्थ दिया और स्त्री-विरोधी बनाया।[18] इस किताब और मक़सद में मदद करने वालीं पेंसिल्वेनिया के महिला मेडिकल कॉलेज की डीन रैचेल एल.बॉडले भूमिका में लिखती हैं—

> रमाबाई ने उद्धरणों में शुद्धता बनाए रखने के लिए एक से ज़्यादा अनुवाद उपलब्ध होने पर उनकी तुलना करने में और कुछ मामलों में संस्कृत से ख़ुद अनुवाद करने में काफ़ी कड़ी मेहनत की। पूरी किताब में कही गई बातें सटीकता से हैं। जब यह किताब भारत पहुँचेगी तो इन कथनों को निस्संदेह झूठे और अधार्मिक बताकर इन पर आक्रमण किया जाएगा और यह भी सम्भव है कि यूनाइटेड स्टेट्स में भी कुछ व्यक्ति इस तरह के प्रभाव को पैदा करने का प्रयास करें।[19]

मनुस्मृति के स्त्री-विरोधी श्लोकों को ख़ूब तसल्ली से रमाबाई सामने रखती हैं और बताती हैं कि सभी पुरुष कम-ज़्यादा इन्हीं बातों में यक़ीन करते हैं कि स्त्री का चरित्र विश्वास योग्य नहीं है, घरेलू स्त्री से सभी तरह की स्वतंत्रता छीन लेनी चाहिए, स्त्री पुरुष की सम्पत्ति होगी, स्त्रियाँ काम तथा क्रोध के वशीभूत मूर्ख या विद्वान पुरुष को भी कुमार्ग पर प्रवृत्त कर सकती हैं, पति की सेवा से ही स्वर्गलोक में वह पूजित होती है। मनु के ही विचारों पर आधारित कहावतों, लोकाचार-संहिता व अन्य किस्म के साहित्य में भी स्त्री-द्वेष को लक्षित किया रमाबाई ने। वह ऊँची साहित्यिक प्रतिष्ठा रखने वाले एक हिन्दू सज्जन की नैतिक विषयों पर लिखी प्रश्नोत्तरी को उद्धृत करती हैं—

प्रश्न—नरक का मुख्य द्वार क्या है?

---

17. देखें, पेज-78, पंडिता रमाबाई, *हिन्दू स्त्री का जीवन,* अनु.: शम्भु जोशी, संवाद, 2006
18. देखें, पेज-79, पंडिता रमाबाई, *हिन्दू स्त्री का जीवन,* अनु.: शम्भु जोशी, संवाद, 2006
19. देखें, पेज-17, पंडिता रमाबाई, *हिन्दू स्त्री का जीवन,* अनु.: शम्भुजोशी, संवाद, 2006

उत्तर—स्त्री

प्रश्न—शराब की भाँति सम्मोहक कौन है?

उत्तर—स्त्री

प्रश्न—बुद्धिमानों में सर्वोत्तम कौन है?

उत्तर—वह जो कि औरतों द्वारा छला नहीं गया है।

प्रश्न—पुरुष के लिए बंधन क्या है?

उत्तर—स्त्री

प्रश्न—वह कौन सा ज़हर है जो अमृत की भाँति प्रतीत होता है?

उत्तर—स्त्री[20]

स्त्री के प्रति जिस दृष्टिकोण से लिखते रहने के पुरुष आदी रहे हैं उसे यह पहली बार सख़्त चुनौती थी क्योंकि उनकी पंक्तियों को उद्धृत करते हुए उनका झूठ और षड्यंत्र एक स्त्री द्वारा पकड़ा गया था। इतना ही नहीं सूचनाओं का अभाव कैसे स्त्री में आत्मविश्वास की कमी पैदा करता है, रमाबाई जानती थीं। भारत में शिक्षा-सुधारों के लिए आए हंटर कमीशन के सामने उन्होंने स्त्री-शिक्षा से जुड़े कई ज़रूरी सुझाव रखे जिनमें एक यह था कि स्त्रियों को ही लड़कियों की शिक्षा के लिए प्रशिक्षित किया जाए क्योंकि पुरुषों की उपस्थिति उन्हें संकुचित और भयभीत करती है, उनकी ज़बानें बंद हो जाती हैं। ज्ञान पर पुरुष वर्चस्व को चुनौती देना आसान नहीं था।

हिन्दू स्त्री का जीवन एक ऐसा दस्तावेज़ है जो यह बताता है कि सतीप्रथा शब्द के लिए विधवाओं का आत्मदाह जैसा पद इस्तेमाल किया। अपनी पुस्तक *हिन्दू स्त्री का जीवन* में वह एक जगह लिखती हैं—

> पति की चिता में विधवाओं का आत्मदाह ऐसी प्रथा है, जो स्पष्टतः मनु की आचार-संहिता के संकलन के पश्चात् पुरोहितों द्वारा ईजाद की गई। आपस्तम्ब,आस्वलन तथा दूसरे धर्मसूत्र, जो मनु के पहले के हैं, इस नियम का उल्लेख नहीं करते और न ही मनु की संहिता... यहाँ एक सत्ता थी, जो मनु या अन्य नियम प्रदाताओं से व्यापक थी और जिसकी अवज्ञा नहीं की जा सकती थी।[21]

---

20. देखें, पेज-65, पंडिता रमाबाई, *हिन्दू स्त्री का जीवन,* अनु.: शम्भु जोशी, संवाद, 2006
21. देखें, पेज-75-76, पंडिता रमाबाई, *हिन्दू स्त्री का जीवन,* संवाद प्रकाशन

साथ ही रमाबाई ने उस पितृसत्तावादी जेण्डर ट्रेनिंग की भी बारीकियों पर प्रकाश डाला जिसके तहत स्त्रियों की हर अगली पीढ़ी पिछली से कमज़ोर होती चली जाती है, मूल्यों के रूप में वह अपनी माँ से मूढ़ता और पुरुष के स्त्री से श्रेष्ठ होने, ख़ुद के 'कुछ नहीं' होने की हीनताग्रंथि में पलती और अपनी दासता स्वीकार करती हैं। वे इशारा करती हैं कि कुछ कुप्रथाएँ उच्च जातियों की देखा-देखी दलित भाइयों ने भी अपनाकर अपनी स्त्री पर अत्याचार करना शुरू किया।

स्वर्ग का विचार भी इस तरह आनंद से युक्त और रंगीन बनाया गया कि स्त्री अपने पति के साथ उसे पाने के लिए अधीर हो उठी। वैधव्य उसके जीवन की दुर्गति करके उसमें जो पीड़ाएँ और कलंक भर देता है उसके प्रति सचेत स्त्री आग में कूद जाने को कम कष्टकर समझती थी तो क्या ग़लत था। ऐसे में 'स्वैच्छिक' और जबरन सती का फ़र्क़ करना या सती और विधवाओं की आत्महत्याओं में फ़र्क़ करना बहुत मानी नहीं रखता। इन मामलों में हस्तक्षेप से अंग्रेज़ सत्ता ख़तरे में आ सकती थी। इसलिए लॉर्डबैंटिक ने भी सती के विरुद्ध शास्त्रों से ही प्रमाण जुटाने की रणनीति अपनाई। रमाबाई समझ पा रही थीं कि पुरोहितों ने *ऋगवेद* के श्लोकों का अर्थ बदल कर रख दिया अपने स्वार्थ के लिए।

यही नहीं, रमाबाई ने भारतीय पितृसत्ता के तहत पुरुषों की एकता के कई प्रमाण जुटाए और स्त्री की बदहाली का वास्तविक और दर्दनाक ब्यौरा प्रस्तुत किया। वे रख्माबाई केस उद्धृत करती हैं (जिस पर आगे विस्तार से एक लेख है) और रख्माबाई के साहस की प्रशंसा करती हैं। पितृसत्तात्मक अनुकूलन जबकि स्त्रियों को ऐसा बना देता है कि उन्हें ख़ुद भी पता नहीं चलता कि वे बंधन में हैं और अक्सर वे इन्हीं बंधनों में संतुष्ट रहना सीख जाती हैं। ऐसे में रख्माबाई का साहस उल्लेखनीय था जो वैवाहिक अधिकारों में पुरुष के अधिक फ़ायदे की स्थिति को एक खुली चुनौती की तरह था।

गोपाल गणेश अगरकर ने, जो एकमात्र रेशनल सुधारवादी थे महाराष्ट्र का, पण्डिता रमाबाई का उस समय समर्थन किया जब वे न केवल रूढ़िवादियों बल्कि तिलक जैसे सुधारवादियों की आलोचना व निंदा का भी शिकार हो रही थीं। यह भी मज़ेदार है न कि तिलक का अख़बार *केसरी* ज्योतिबा फुले को ईसाई मिशनरियों की कठपुतली[22] बता रहा था और पंडिता रमाबाई के शारदा

---

22. देखें, पेज-149, गोपाल गणेश अगरकर, *दि रेशनलिस्ट रिफ़ॉर्मर*, अरविंद गनाचारी, पोपुलर प्रकाशन, मुंबई, 2005

सदन को धार्मिक (ईसाई) संस्थान।[23]

अपने समय में रमाबाई का अपने एक्टिविज़्म और लेखन के ज़रिए कैसा हस्तक्षेप था इसके एक उदाहरण के तौर पर एक क़िस्सा सुनाकर आगे बढ़ती हूँ। ऊँची जाति की हिन्दू विधवाओं के लिए वे लगातार काम कर रही थीं। नवंबर 1890 को लियोनल एश्बर्नर, जो गवर्नर की एक्ज़ीक्यूटिव काउंसिल का सदस्य था, ने *नेशनल रिव्यू* में एक लेख में हिन्दू शास्त्रों की असलियत उघाड़ते हुए हिन्दू विधवाओं के लिए भाड़े पर मिलने वाली व्यभिचारिणियाँ (chartered libertines)[24] कहा जिसका विरोध गोपाल गणेश अगरकर ने किया। *सुधारक* के सम्पादक के नाम के.के. तैलंग ने छद्मनाम 'शंकित' से एक पत्र लिखा और पहले तो एश्बर्नर को जवाब देने के लिए बधाई दी फिर पूछा कि क्या *मनुस्मृति* और *गोहिलगुहाशास्त्र* की असलियत को सबके सामने लाने की ज़रूरत है? और क्या विवाह की न्यूनतम आयु (Age of Consent) बिल के विरोधी विधवाओं, ब्याहताओं के लिए अपमानजनक शब्दों के बारे में यह मत स्वीकार करेंगे?

रमाबाई ने *सुधारक* में लिखा कि इसमें कोई संदेह नहीं कि हिन्दू शास्त्रों ने स्त्री के लिए अपमानजनक बातें लिखी हैं। रमाबाई ने *मनुस्मृति, ऋगवेद, महाभारत, भागवत पुराण, बृहत पराशर संहिता, दक्ष स्मृति से उद्धरण दर उद्धरण* देते हुए सिद्ध किया कि वे स्त्री को ख़ारिज़ करते हैं और हैरानी की बात यह है कि आधुनिक महर्षि, महामहोपाध्याय तिलक, रामशास्त्री आप्टे, के.आर. कीर्तिकर इन शास्त्रों को स्वीकृत करते हैं।

और यह पत्र रमाबाई ने शंकित के जवाब में 'निश्शंक' नाम से लिखा। रमाबाई की यह किताब भारतीय संदर्भ में स्त्रीवादी थियरी का आरम्भिक प्रयास ठहरती है। पुणे में रहते हुए ब्राह्मणवादी पितृसत्ता को बार-बार खुली चुनौती देना रमाबाई के लिए आसान नहीं था। वे कई बार विवादों में घिरीं, अपमान और आलोचनाएँ सहीं लेकिन साहस से डटी रहीं, उस रास्ते पर जिसे वे सही

---

23. देखें, गोपाल गणेश अगरकर, *दि रेशनलिस्ट रिफ़ॉर्मर,* अरविंद गनाचारी, पोपुलर प्रकाशन, मुंबई, 2005
24. देखें, पेज-153, गोपाल गणेश अगरकर, *दि रेशनलिस्ट रिफ़ॉर्मर,* अरविंद गनाचारी, पोपुलर प्रकाशन, मुंबई, 2005

समझती थीं। पुणे में रहकर जब मुक्ति मिशन को चलाना मुश्किल हो गया तो उन्होंने वहाँ से 50-60 किलोमीटर दूर केड़गाँव में ज़मीन लेकर फिर से शुरुआत की। रमाबाई की मृत्यु के वक्त वहाँ लगभग तीन हज़ार स्त्रियाँ थीं, लड़कियाँ थीं, दृष्टिबाधित, अनाथ, वृद्ध और समाज के सभी तबकों से आने वालीं। मुक्ति मिशन वहाँ आज भी क्रियाशील है।

औरत की मर्ज़ी का सवाल : रख्माबाई

(भारत का पहला मामला जब स्त्री-पुरुष के बीच सम्बन्ध के लिए 'कंसेंट' का सवाल उठा।)

साल 1884 था। जगह थी ब्रिटिश भारत की एक अदालत। एक स्त्री को उसका पति वहाँ तक इसलिए घसीट लाया था कि उसने बचपन में हुए विवाह से और पति के घर जाने से इसलिए इनकार कर दिया था क्योंकि विवाह उसकी मर्ज़ी से नहीं हुआ था। उसका कहना था कि जिस छोटी आयु में उसका विवाह हुआ वह 'कंसेंट' देने की अवस्था में नहीं थी और इसलिए इस विवाह की पुनर्स्थापना के लिए राज़ी नहीं थी।

क्या था मामला?

रख्माबाई राउत का विवाह 11 वर्ष की अवस्था में हो गया था लेकिन वह उसके साथ नहीं रहना चाहती थी। उसका साफ़ कहना था कि इस विवाह में मेरी सहमति नहीं ली गई थी। इसलिए ऐसे पुरुष के साथ विवाह की पुनर्स्थापना का कोई मामला ही नहीं बनता जिसके पास मैं कभी विवाह के बाद गई ही नहीं, पति-पत्नी का हमारा कोई सम्बन्ध कभी स्थापित ही नहीं हुआ। भारत में 'कंसेंट' को लेकर शायद यह सबसे पहला क़ानूनी मामला था। अब तक किसी स्त्री ने ऐसा 'दुस्साहस' नहीं किया था। उसने यह भी कहा कि ऐसा करने के बदले वह कोई भी सज़ा भुगतने के लिए तैयार है। पहली बार तो जज मिस्टर पिन्हे ने रख्माबाई के पक्ष में फ़ैसला दे दिया और कहा कि रख्माबाई को अपनी इच्छा के विरुद्ध उस व्यक्ति के साथ रहने को मजबूर नहीं किया जा सकता। पति अदालत में ढेरों झूठे सबूत दे रहा था और ग़लत-सलत दलीलें दे रहा था तब जज साहब मिस्टर पिन्हे ने कहा—"जब वादी को पता चल गया है कि यह युवती उसके साथ गृहस्थी नहीं

बसाना चाहती तो उसे किसी घोड़े या बैल की तरह हासिल करने की कोशिश ही नहीं करनी चाहिए थी।''[25]

आसान नहीं था हिन्दू रूढ़िवादी समाज से टकराना

अपनी देह और अपनी अस्मिता के लिए रख्माबाई को लगभग 5 साल यह क़ानूनी लड़ाई लड़नी पड़ी। स्त्री शिक्षा और अधिकारों की प्रबल पैरोकार पंडिता रमाबाई ने इस बारे में लिखा-इस निर्णय के बाद रख्माबाई को सबक सिखाने के लिए 'पूरे भारत के दकियानूसी लोग' ऐसे खड़े हो गए मानो वे सब एक पुरुष हों और एकसाथ उन्होंने उस असहाय स्त्री और महज़ मुट्ठीभर साथियों को सबक सिखाने के लिए कमर कस ली[26] लेकिन बात यहाँ ख़त्म नहीं हुई। पति ने हार नहीं मानी। वह आगे भी लड़ा। रूढ़िवादी लोग उसके पति का साथ दे रहे थे, उसके केस लड़ने का पैसा भी सम्भवत: जुटा रहे थे।

रख्माबाई के पति ने इसके लिए बम्बई उच्च न्यायालय का दरवाज़ा खटखटाया था। ऐसे में कमज़ोर पड़ने की जगह वह और कृत-संकल्प हुई और डटी रही। उसके सामने दो ताक़तें थीं—एक ब्राह्मणवादी पितृसत्ता और दूसरी अदालत में बैठी औपनिवेशिक पितृसत्ता का प्रतिनिधि जज। एक सीमा के बाद अदालत भी हिन्दू रूढ़िवादियों के ख़िलाफ़ नहीं जा सकती थी। एक अख़बार *हिन्दी प्रदीप* ने यह तक लिख दिया कि अब शासकों को यह बात खुलकर स्वीकार कर लेनी चाहिए कि वे हिन्दुओं का यूरोपीयकरण करने और उनके धर्म को मिटा देने पर तुल गए हैं।[27] और फिर, दूसरी बार रख्माबाई को कसूरवार माना गया लेकिन उसे जेल भेजा जाए या नहीं इस पर जद्दोज़हद होती रही।

भगोड़ी पत्नियों का कोई तो इलाज किया जाए

बम्बई में प्रभावशाली भारतीयों और यूरोपियों ने रख्माबाई बचाव समिति बनाई

25. देखें, पेज-56, *रख्माबाई : स्त्री अधिकार और कानून,* सुधीर चंद्र, राजकमल प्रकाशन, दिल्ली, 2012
26. 26. देखें, पेज-71, *हिन्दू स्त्री का जीवन,* पंडिता रमाबाई, अनु.: शम्भु जोशी, संवाद प्रकाशन, 2006
27. देखें, पेज-127, *रख्माबाई : स्त्री अधिकार और कानून,* सुधीर चंद्र, राजकमल प्रकाशन, दिल्ली, 2012

क्योंकि रख्माबाई को जेल भेजे जाने की बहस ज़ोर पकड़ रही थी। समिति चाहती थी कि न रख्माबाई जेल जाए न ही हिन्दू विवाह संस्था पर कोई आँच आए कि उसे तोड़ना एक स्त्री के लिए इतना आसान है! लेकिन इस समिति ने भी हिन्दू विवाह के लिए रूढ़िवादियों के समक्ष जो दलीलें दीं उसने रख्माबाई के समर्थकों को भी शर्मिंदा किया। उधर पत्नियों की मनमानी पर अंकुश लगाना भी ज़रूरी था क्योंकि रख्माबाई का केस नज़ीर बन सकता था। कोई भी लड़की बचपन में हुए विवाह के लिए बड़े होकर इनकार कर सकती थी। यह सिर्फ़ रूढ़िवादियों की नहीं जज फिजपेट्रिक की भी चिंता थी। अवज्ञाकारी औरतों का क्या करें? वह इसका कोई इलाज करना चाहते थे।

स्त्रियाँ आमतौर पर सम्पत्ति की मालकिन नहीं थीं इसलिए एक ख़ूब सम्पत्ति वाली स्त्रियों पर कठोर बाध्यता आएगी जबकि सम्पत्तिहीन स्त्रियाँ इस मामले में बच जाएँगी। ऐसे में जेल की सज़ा बरक़रार रखना ज़रूरी था। बंगाल की सरकार ने भी माना कि जेल की सज़ा हिन्दू भावना के विपरीत है। पंजाब की सरकार ने माना कि जेल का भय अवज्ञाकारी पत्नियों को पति के पास लौटने के लिए मजबूर कर सकता है।[28] तो क्या हो? क्या विवाह का आधार 'जेल जाने का भय' हो सकता है?

साथी और विपक्षी सब आस-पास थे

अमरीका में रहते हुए पंडिता रमाबाई रख्माबाई के पक्ष में लिख रही थीं। अपनी प्रसिद्ध किताब *हिन्दू स्त्री का जीवन* में एक अध्याय उन्होंने रख्माबाई के मुक़दमे पर ही लिखा था। इधर, बहरामजी मालाबारी रख्माबाई के बड़े समर्थक बनकर सामने आए, जो बाल-विवाह के ख़िलाफ़ प्रतिबद्ध थे और चाहते थे कि विवाह की न्यूयनतम आयु दस से बारह साल की जाए। अगस्त 1884 में उन्होंने इस मुद्दे पर एक पैम्फ़लेट तैयार किया जिसे 4000 अंग्रेज़ और हिन्दू सज्जनों को भेजा। विवाह योग्य आयु को बढ़ाने की हिमायत में रख्माबाई मालाबारी से भी आगे निकल गई और माँग की कि इसे कम-से-

---

28. देखें, पेज-166, *रख्माबाई : स्त्री अधिकार और कानून*, सुधीर चंद्र, राजकमल प्रकाशन, दिल्ली, 2012

कम 15 वर्ष किया जाए। फूलमनी दासी[29] और रख्माबाई का मुक़दमा 1891 में 'ऐज ऑफ़ कंसेंट' अधिनियम का आधार बना।

इधर पुणे के चितपावन ब्राह्मण बाल गंगाधर तिलक न सिर्फ़ पंडिता रमाबाई के ईसाई हो जाने पर उनके कटु आलोचक हो गये थे बल्कि रख्माबाई के ख़िलाफ़ भी अपने अख़बार *केसरी* और साप्ताहिक अंग्रेज़ी *मराठा* में लगातार लिखा। तिलक और उनके गुट के संकुचित ब्राह्मणों ने इन स्त्रियों की जम कर आलोचनाएँ कीं।[30]

कैसे सुलझा मामला

रख्माबाई जयंतीबाई की बेटी थी जो उसके पहले पति जनार्दन पांडुरंग से पैदा हुई थी। जब रख्माबाई ढाई साल की थी पिता चल बसे और अपनी सम्पत्ति जयंतीबाई के नाम कर गए। जयंतीबाई सुतार (बढ़ई) जाति से थीं जहाँ दूसरा विवाह करना प्रतिबंधित नहीं था। उन्होंने सखाराम अर्जुन से विवाह किया जो एक समाज सुधारक थे और बॉम्बे नेचुरल हिस्ट्री सोसायटी के एक संस्थापक भी थे।[31] सखाराम सुधारवादियों से मिलते-जुलते थे और उनके विचारों में कुछ प्रगतिशीलता यहीं से आई थी। उन्हें लगा था कि बड़ा होने तक दादाजी, कुछ पढ़ लिख लेगा लेकिन वह धीरे-धीरे भ्रष्ट होता गया। इस विवाह से पहले ही अपनी सम्पत्ति जयंतीबाई ने बेटी रख्माबाई के नाम कर दी। दादाजी, यानी रख्माबाई के पति ने यह आरोप लगाया था कि रख्माबाई की माँ और नाना इस सबके पीछे हैं क्योंकि उन्हें डर है कि पति के साथ रहने चली गई तो वह अपने स्वर्गवासी पिता जनार्दन पांडुरंग की सम्पत्ति पर अपने अधिकार का दावा करेगी। इसी सब घाल-मेल के बीच इस ऐतिहासिक मुक़दमे का एक नाटकीय अंत हुआ। सभी खर्चों की संतोषजनक भरपाई के रूप में 2000 रुपए रख्माबाई से लेकर अदालत से बाहर समझौता किया।

---

29. 1889 में फूलमनी दासी की भयावह मृत्यु ने पूरे देश को हिला कर रख दिया। फूलमनी का विवाह दस वर्ष की उम्र में हरि मोहन मैती नाम के पैंतीस साला आदमी से हुआ था। उसने जबरन फूलमनी से सम्बन्ध बनाया। इस बलात्कार का नतीजा यह हुआ कि अत्यधिक रक्तस्राव से फूलमनी की मृत्यु हो गई। इसके बाद विवाह की न्यूनतम आयु निर्धारित करने की माँग ने ज़ोर पकड़ा।
30. देखें, पेज-108, 109, 110,120, *लेडी डॉक्टर्स*, कविता राव , वेस्टलैंड पब्लिकेशन, 2021
31. देखें, पेज-99, *लेडी डॉक्टर्स*, कविता राव, वेस्टलैंड पब्लिकेशन, 2021

औरत की मर्ज़ी का सवाल मामूली सवाल नहीं है

एक औरत की 'मर्ज़ी' के सवाल से अगर ऐसी उथल-पुथल मच जाए कि लगे अब व्यवस्था धराशायी बस होने ही वाली है तो समझना चाहिए कि औरत की एजेंसी उसका 'अभिकर्तृत्व' ख़ारिज किया जाना असल में तमाम व्यवस्थाओं की नींव में है। सालों यह मुक़दमा अखबारों में छाया रहा। 'ए हिन्दू लेडी' के नाम से ख़ुद रख्माबाई ने दो लेख अखबारों में लिखे थे। एक लेख में वह कहती है—

> "यदि इन महानुभावों की बात पर विश्वास किया जाए तो हम जैसे मैले-कुचैले पशुओं का एक झुंड भर हैं, जिन्हें ईश्वर ने सिर्फ़ पुरुषों की विशिष्ट सेवा करने और उनकी काम-वासना को शांत करने के लिए पैदा किया है, और पुरुषों को हमारे साथ मनमाना व्यवहार या दुर्व्यवहार करने का ईश्वरीय अधिकार प्राप्त है।...हमारे क़ानून-निर्माताओं की दृष्टि में पुरुष और स्त्रियाँ दो अलग मानव प्रजातियाँ हैं..."[32]

डॉक्टरी की पढ़ाई

24 मार्च, 1889 को रख्माबाई डॉ. एडिथ पेचे की मदद से लंदन स्कूल ऑफ़ मेडिसिन में दखिला लेने के लिए रवाना हो गई। उन दिनों भारत में महिला डॉक्टरों की बेहद ज़रूरत थी ताकि पर्दे में रहने वाली औरतें अपनी समस्याएँ बता पाएँ और उन्हें इलाज मिल पाए। पंडिता रमाबाई ने हंटर कमीशन के समक्ष इस बात की पुरज़ोर सिफ़ारिश की थी। लौटकर रख्माबाई ने सूरत के मैडम कामा अस्पताल में काम किया और बाद में सूरत में ही उन्हें सेठ मोरारजी विभुकन दास मालवी डिस्पेंसरी का चार्ज लेने का न्यौता मिला। आज यह अस्पताल 'रख्माबाई अस्पताल' के नाम से जाना जाता है जहाँ रख्माबाई की बड़ी सी तस्वीर दीवार पर लगी है।[33]

---

32. देखें, पेज-45, *रख्माबाई : स्त्री अधिकार और कानून,* सुधीर चंद्र, राजकमल प्रकाशन, दिल्ली, 2012
33. देखें, पेज-127, *लेडी डॉक्टर्स,* कविता राव, वेस्टलैंड पब्लिकेशन, 2021

समाजवादी स्त्रीवाद : समाजवाद सबके लिए

स्त्रीवादी आंदोलनों में सर्वहारा स्त्री के अधिकारों और लैंगिक विभाजन की सम्पूर्ण संरचना को बदलने का सवाल समाजवादी स्त्रीवाद ने उठाया। स्त्री-मताधिकार, स्त्री के लिए समान वेतन का सवाल और काम की स्थितियों पर क्लारा ज़ेटकिन ने स्पष्ट विचार सामने रखे। क्लारा का जन्म 1857 में हुआ। वह जर्मनी की कमुनिस्ट पार्टी की सदस्य थीं। उनकी माँ भी जर्मनी के आरम्भिक स्त्री आंदोलन में सक्रिय थीं। ऑसिप ज़ेटकिन और क्लारा का कभी विवाह नहीं हुआ था लेकिन वे जीवन-साथी थे। लिंग-भेदी वैवाहिक नियमों और कानूनों में उनका विश्वास नहीं था। उनके दो पुत्र हुए और काम व मातृत्व के बीच के संघर्ष उनके निजी संघर्ष भी रहे थे जिन्होंने उन्हें एक कामकाज़ी सर्वहारा स्त्री की स्थिति के प्रति और भी सचेत किया। जीवन साथी की मृत्यु के बाद क्लारा का राजनीतिक विकास और भी अड़चनों से घिर गया। वह अकेली कमाने वाली सदस्य रह गई थी जिसे अपनी दो संतानों को भी पालना था और राजनीतिक ज़िम्मेदारियाँ भी निभानी थीं।

क्लारा का मानना था कि स्त्रियों के जीवन का सबसे बड़ा संकट यह है कि घर और बाहर का स्पष्ट विभाजन, पब्लिक मैन और प्राइवेट वुमन, ने पुरुषों को सामाजिक पूँजी जुटाने के बहुत अवसर दिए हैं और मर्दों ने उसका इस्तेमाल भी किया है। एक ऐतिहासिक दबाव के तहत जब स्त्रियाँ घरों से बाहर कमाने निकलीं भी तब भी घर-बाहर का लैंगिक-श्रम विभाजन वैसा का वैसा बना रहा। गृहकार्यों में पुरुष की कोई सहभागिता नहीं रही और सामाजिक उत्पादन में स्त्रियाँ पिछड़ी रहीं। स्त्री मुक्ति के लिए यह ज़रूरी है कि रसोई और कार्यक्षेत्र के बीच की रेखा मिटा दी जाए। औरतों के आने से मर्दों की नौकरियाँ, उनकी जगहें कम हो जाती हैं ऐसा आरोप लगाने वालों को क्लारा का स्पष्ट जवाब था कि यह स्त्रियों का नहीं पूँजीवादी व्यवस्था का दोष है। ऐसे ही देखा जाए तो अगर मर्दों का वेतन स्त्रियों ने कम किया है तो स्त्रियों का वेतन बाल-मज़दूरों

ने; कम वेतन और अधिक काम के घंटे पूँजीवादी मुनाफ़े को बढ़ाने के काम आए।[1] स्त्री-श्रम का इस्तेमाल इस व्यवस्था ने स्त्री के भले का सोचकर नहीं किया। साथ ही स्त्रियाँ न केवल मर्दों से ज़्यादा समय श्रम करती हैं, बल्कि मर्दों की तुलना में उनका पारिश्रमिक भी कम होता है। श्रम की पूँजीवाद से मुक्ति के बिना स्त्री मुक्ति नहीं होगी। इतिहास में पहली बार 'समान काम के लिए समान वेतन' का मुद्दा उठा।

मज़दूर संघ को सम्बोधित करते हुए वे अक्सर यह सवाल पुरुषों के सामने रखती थीं कि स्त्रियों का वर्क फ़ोर्स में आना, सामाजिक उत्पादन की प्रक्रिया में शामिल होना कितना ज़रूरी है। अपनी ही पार्टी के पुरुष मज़दूरों के भेदभावपूर्ण रवैये को वह देख रही थीं और स्त्री मज़दूरों को संगठित कर रही थीं। यहाँ स्त्री मताधिकार पर उनके 1907 में दिए भाषण को पढ़ते हुए उनकी चिंताओं को विस्तार से समझा जा सकता है।

अपने तमाम भाषणों में क्लारा दुनिया भर की स्त्रियों को सम्बोधित करती हैं। आर्थिक और सामाजिक आज़ादी के लिए उन्होंने सर्वहारा कामगार स्त्री का आह्वान किया—कॉमरेड्स! सिस्टर्स! अपमानपूर्ण दासता से, शिशुपालन और रसोई के नीरस जीवन से निकलकर सामाजिक उत्पादन का हिस्सा बनो। वर्किंग क्लास के भीतर पुरुष प्रभुत्व से आज़ादी पाना श्रमिक स्त्री के लिए एक बड़ी चुनौती थी।

स्त्री मताधिकार[2]

क्लारा ज़ेटकिन

(18 अगस्त, 1907 को स्टटगार्ड, बर्लिन में अंतर्राष्ट्रीय सोशलिस्ट कांग्रेस में दिए गए भाषण का एक अंश)

स्त्री मताधिकार कमीशन की कार्यवाही के बारे में मुझे आप सबको बताना चाहिए और वह प्रस्ताव आप सबके सामने रखना चाहिए जिसे पहली अंतर्राष्ट्रीय समाजवादी कॉन्फ्रेंस में अंगीकार किया गया 47 वोटों से (11 विपक्ष में)। समाजवादी स्त्रियाँ मताधिकार को

1. देखें, पेज-16 (vi) *सेलेक्टेड वर्क्स ऑफ़ क्लारा ज़ेटकिन,* सं-फिलिप एस. फोनर, प्रस्तावना- एंजेला वाय. डेविस, आकार बुक्स 2014
2. देखें, पेज-99, *क्लारा ज़ेटकिन, सेलेक्टेड राइटिंग्स,* सं-फिलिप एस. फोनर, प्रस्तावना- एंजेला वाय. डेविस, आकार बुक्स 2014, अनुवाद—सुजाता

सबसे ज़रूरी सवाल की तरह नहीं मानतीं, जो स्त्रियों की आज़ादी और सामंजस्यपूर्ण विकास के रास्ते की सभी बाधाएँ दूर कर देगा। यह इसलिए कि यह वह सबसे गहरी वजह को छूता भी नहीं है : निजी सम्पत्ति, जो एक मनुष्य की दूसरे मनुष्य के शोषण और दमन की वजह है। यह और भी साफ़ हो जाता है उन सर्वहारा पुरुषों को देखकर जो राजनीतिक रूप से तो बंधनमुक्त हैं लेकिन सामाजिक रूप से दमित और शोषित हैं। स्त्री मताधिकार दिया जाना शोषक और शोषित के बीच वर्ग विभाजन को ख़त्म नहीं करता जहाँ से सर्वहारा स्त्री के सामंजस्यपूर्ण विकास की राह की रुकावटें पैदा होती हैं। यह उन संघर्षों को भी समाप्त नहीं करता है जो पूँजीवादी व्यवस्था के भीतर पुरुषों और महिलाओं के बीच होने वाले सामाजिक अंतर्विरोध से उनके लिंग के सदस्यों के रूप में महिलाओं के लिए पैदा होते हैं।

इसके विपरीत : स्त्री लिंग की पूर्ण राजनीतिक समानता वह आधार तैयार करती है जिस पर संघर्षों को सबसे तीव्रता से लड़ा जाएगा। ये संघर्ष विविध हैं लेकिन सबसे गम्भीर और दर्दनाक है पेशेवर काम और मातृत्व के बीच का संघर्ष। हम समाजवादियों के लिए, इसलिए, महिला मताधिकार अंतिम लक्ष्य नहीं हो सकता क्योंकि यह बुर्जुआ महिलाओं के लिए है। हालाँकि हम अपने अंतिम लक्ष्य की ओर लड़ाई के एक चरण के रूप में इसके अधिग्रहण के लिए सबसे अधिक उत्सुकता से तरस रहे हैं। मताधिकार प्राप्त करने से बुर्जुआ महिलाओं को पुरुष विशेषाधिकारों के रूप में बाधाओं को दूर करने में मदद मिलेगी जो उनके शैक्षिक और व्यावसायिक अवसरों को सीमित करता है। यह महिला सर्वहारा वर्ग को वर्ग शोषण और वर्ग शासन के ख़िलाफ़ उनकी पूरी मानवता हासिल करने के प्रयास में हथियारों से लैस करती है। यह उन्हें सर्वहारा वर्ग द्वारा राजनीतिक सत्ता हासिल करने में पहले की तुलना में कहीं ज़्यादा भाग लेने में सक्षम बनाता है, ताकि एक समाजवादी व्यवस्था को खड़ा किया जा सके जो अकेले स्त्री प्रश्न का समाधान कर सकती है।

स्त्रीवादी आंदोलन की शुरुआत ही स्त्री के राजनीतिक अधिकारों को लेकर

हुई थी। एक लम्बे संघर्ष के बाद औरतों को एक सम्मानित नागरिक की तरह वोट डालने का अधिकार मिला। इसी के बाद एक उदारवादी स्त्रीवाद और एक समाजवादी स्त्रीवाद का दौर रूसी क्रांति के आस-पास देखा जा सकता है। इसके बाद साठ के दशक में स्त्रीवाद का दूसरा चरण ही रैडिकल स्त्रीवाद से शुरू होता है और समाजवादी स्त्रीवाद के साथ आगे बढ़ता है। स्त्रीवादी आंदोलनों के तीसरे दौर में, स्त्री-प्रश्न बहुमुखी होकर, ज्ञान-विज्ञान की अलग-अलग शाखाओं-प्रशाखाओं में विस्तार करते हैं।

रूस में 'स्त्री-प्रश्न' का उद्‌भव

एक ज़ारशाही जैसा निरंकुश शासन होते हुए भी (सत्रहवीं-अठारहवीं सदी में) रूसी समाज में प्रगतिशील बदलाव आना एक विचित्र बात थी। राजनीति थोड़ी उदार होती है तो समाज प्रगतिशील होता है और स्त्रियाँ थोड़ी आज़ाद! यूरोप में एक अग्रणी शक्ति बनने की इच्छा में रूस का सामाजिक जीवन बदलना शुरू हुआ।

यूँ आधुनिक संदर्भों में स्त्री-प्रश्न का उदय रूस में भी उन्नीसवीं सदी में होता है, जैसा कि और बहुत से देशों में हुआ। लेकिन पितृसत्ता की गहरी पकड़ उससे पहले कुछ ढीली होनी शुरू हो गई थी। पीटर द ग्रेट जिसने 1682 से 1725, अपनी मृत्यु तक रूसी साम्राज्य पर शासन किया और उसके बाद कैथरीन द ग्रेट (1762 से 1796 तक राज किया) रूसी समाज में प्रगतिशील बदलावों के लिए जाने जाते हैं। ग्रामीण स्त्रियाँ खेती-बाड़ी के काम किया करती थीं और शहरी औरतें अच्छी आज्ञाकारी पत्नियों की तरह गृह-प्रबंधन करती थीं, ज़रूरत पड़ने पर पारिवारिक व्यवसाय के लिए उचित सलाहें भी देती थीं। गृह-स्वामी की आज्ञा मानना और उम्र बढ़ने के साथ अपने छोटों से, युवा स्त्री सदस्यों से आज्ञा मनवाना कुलीन स्त्रियों का काम था। रूस में माना जाता था कि 'एक अच्छी पत्नी जवाहरों से भी ज़्यादा कीमती है।' कुल मिलाकर ठीक वैसा ही सामाजिक ताना-बाना जैसा किसी भी और देश में उस वक्त मिल सकता था। भारत में सवर्ण स्त्रियों की तरह रूस में अभिजात वर्ग की स्त्रियों को कुछ वहम अपनी शक्ति का हुआ करता था। ऐसी स्त्रियाँ पितृसत्ता के नियमों को मानती और मनवाती थीं। कुछ शहरी औरतों के पास सम्पत्ति भी हुआ करती थी। निश्चित रूप से उनकी स्थिति ग्रामीण और गरीब स्त्री से बेहतर थी। राजनीति में उनका सबसे बड़ा अप्रत्यक्ष योगदान यह होता था कि वे परिवारों द्वारा तय किए गए विवाह

(arrange marriage) करें ताकि ताकतवर राजनीतिक परिवारों के संबंध बने रहें।[1]

युद्ध चलते रहते थे और योद्धा अपने जीवन के लिए किसानों पर निर्भर थे। यह ग्यारहवीं सदी थी जब शाही कर्मचारी और योद्धा ईसाई हो रहे थे, लेकिन किसान जनता से दूरी की वजह से पूरे रूस काल में किसान अपने प्राकृतिक देवी-देवताओं को ही मानते रहे, उन पर ईसाइयत का असर नहीं हुआ। अर्थव्यवस्था की मज़बूत ज़मीन महिलाओं का श्रम था। वे न सिर्फ़ खेती-किसानी करके अन्न उगा रही थीं बल्कि कपड़ा बनाना, चरखा कातना उनका ही काम था। भारी काम मर्द किया करते थे। भवन निर्माण, खुदाई, लकड़ी काटना वगैरह। बाद में वे खनन के कामों में भी आईं और अठारहवीं सदी के उत्तरार्द्ध में 18 प्रतिशत फ़ैक्टरी श्रमिक महिलाएँ थीं।[2] यूँ स्त्री-श्रम के बारे में सटीक आँकड़े जुटाना कभी सीधा काम नहीं होता और अक्सर बहुत-सा स्त्री-श्रम अलक्षित होता है, जो दिखाई नहीं देता। फ़ैक्टरी किसे कहेंगे किसे नहीं इसी असमंजस में ऐसे आँकड़ों से उन स्त्रियों का श्रम बाहर हुआ होगा जो असंगठित, अनियमित क्षेत्रों में रही होंगी। यहाँ बच्चों को भी शामिल कर लेना चाहिए। इसलिए ऐसे आँकड़े एक अंदाज़ा तो देते हैं लेकिन सटीक नहीं हो पाते। 1885 में स्त्रियों और किशोरों के रात्रि-श्रम (night work) यानी रात 9 से सुबह 5 बजे तक काम करने पर प्रतिबंध लगाया गया। पीटर्सबर्ग के सूत, ऊन और लिनन फ़ैक्टरी मालिकों के लिए इसके चलते अति-उत्पादन की समस्या पैदा हो गई थी तो मॉस्को का व्यापारी वर्ग स्त्रियों के इसी श्रम पर निर्भर था। 1892 में एक कानून बनाया गया कि गर्भवती औरतों की वजह से हर फ़ैक्टरी में एक दाई को काम पर रखा जाए। ऐसी तमाम बातें और आँकड़े मिलकर बताते हैं कि अर्थव्यवस्था का कितना बड़ा आधार स्त्री श्रम था। यह रूस में ही नहीं है, दुनिया के अधिकांश देशों में स्त्रियों का श्रम सस्ता, उपलब्ध और अलक्षित रहा। 1905-1907 से बीच फ़ैक्टरी हड़तालें हुईं जिनमें औरतों ने भाग लिया लेकिन स्त्री-मज़दूर के मुद्दों को, पेड मातृत्व अवकाश, काम के बीच स्तनपान कराने का वक्त जैसी माँगों को शामिल नहीं किया जा सका। स्त्रीवाद के लिए यह एक चुनौती थी और समान काम के समान वेतन

---

1. देखें, पेज-6, *अ हिस्ट्री ऑफ़ वुमेन इन रशिया,* बारबरा एवांस क्लिमेंट्स, इंडियाना यूनिवर्सिटी प्रेस, 2012
2. देखें, पेज-64, *विमेन इन रशिया,* संफ- डोरोथी एट्किंसन, एलेक्ज़ेंडर डेलिन और गेल वॉरशॉफ्स्की लैपिडस, स्टैनफोर्ड यूनिवर्सिटी प्रेस, कैलिफ़ोर्निया, 1977

का संघर्ष तो स्त्रियों के सामने था ही। औरतें फ़ैक्टरियों में दिन के चौदह घंटे और हफ़्ते में छह दिन श्रम किया करती थीं और इतना भी नहीं कमाती थीं कि एक ढंग का कमरा लेकर सम्मान की ज़िंदग़ी काट सकें।

पीटर द ग्रेट : पीटर यूरोपीय समाज की तरह हाई सोसायटी के लोगों, अफ़सरान और ओहदेदारों को, दरबार को यूरोपीय आभिजात्यता देना चाहता था। भारत में बंगाली भद्र पुरुष के लिए जैसे सबसे बड़ी चुनौती यह थी कि जहाँ वह ख़ुद शिक्षित, तथाकथित सभ्य और सुसंस्कृत है उसके समाज की स्त्रियाँ जहालत में पड़ी हैं अब भी। उन्हें भी भद्र महिला, एक लेडी बनाना और शिक्षित करना तात्कालिक चुनौती थी। ठीक वैसे ही पीटर को लगा होगा कि कुलीन जनों का यूरोपीयकरण तभी सार्थक है जब उनकी जीवन शैली ही बदली जाए, यह तभी सम्भव था जब स्त्रियाँ भी उसी रंग में रंगी जाएँ, ख़ुल कर बाहर आ सकें, शिक्षित हों, सभाओं में नाच सकें, फ्रेंच बोलें, शराब पिएँ, क्लीवेज झलकाता ड्रेस पहनें, मर्दों से मित्रवत व्यवहार करें, आधुनिक तहज़ीब अपनाएँ। वह रूसी अभिजात वर्ग को विदेशी मापदण्डों के आधार पर बदल रहा था।[3] कैथरीन द ग्रेट के काल में इसे और उड़ान मिली। वह एकमात्र महिला है रूसी इतिहास में जिसने इतने लम्बे समय तक रूसी साम्राज्य को सँभाला। वह स्त्रियों की शिक्षा का और प्रसार करने और रूस का यूरोपीयकरण करने में सफल हुई। उसने उच्च और मध्यवर्गीय लड़कियों के लिए भी स्कूल खोले। कुलीन स्त्रियों का एक ऐसा वर्ग तैयार किया जाना था जिसके लिए शिक्षा का मतलब होता बेहतर अफ़सर पत्नी और बेहतर गृह-प्रबंधक बन सकना। इसलिए जहाँ एक ओर जेंडर-रूढ़ियों में बदलाव आए वहीं दूसरी ओर कोई व्यापक संरचनात्मक बदलाव नहीं हुआ।[4]

कैथरीन द ग्रेट : इतिहास में स्त्रियों को सिर्फ़ सताई हुई और शोषित की तरह ही देखा जाना एक रूढ़िबद्ध तरीका है। वे शोषित और उत्पीड़ित रहीं लेकिन यह सच होते हुए भी सबसे महत्त्वपूर्ण बात यह है कि स्त्रियाँ इतिहास में भागीदार रही हैं, अर्थव्यवस्था में, सामाजिक, राजनीतिक और सांस्कृतिक जीवन का हिस्सा रही हैं और उन्होंने भी इतिहास बनाया है। रूसी राजनीति और समाज

---

3. देखें, पेज-66, *अ हिस्ट्री ऑफ़ वुमेन इन रशिया,* बारबरा एवांस क्लिमेंट्स, इंडियाना यूनिवर्सिटी प्रेस, 2012
4. देखें, भूमिका पेज-xvi, *अ हिस्ट्री ऑफ़ वुमेन इन रशिया,* बारबरा एवांस क्लिमेंट्स, इंडियाना यूनिवर्सिटी प्रेस, 2012

में वे सक्रिय भागीदार थीं, भले ही सेकेण्ड सेक्स का उनका दर्जा ठीक वैसे ही था जैसे दुनिया भर में। वे बड़े स्तर पर कृषि कार्यों में संलग्न थीं जिसके बिना किसान का बल्कि राष्ट्र का ही जीवित रहना सम्भव न था, औद्योगीकरण के साथ वे फ़ैक्टरियों में काम करने के लिए आगे आईं। बड़े स्तर पर कामकाज़ी स्त्रियों ने बोल्शेविक क्रांति के मुद्दों को भी प्रभावित किया।

कैथरीन द्वितीय पीटर तृतीय की पत्नी थी। पीटर अलोकप्रिय शासक था और उसकी हरकतों, ग़लत शासकीय नीतियों और कैथरीन को कॉन्वेंट भेज कर अपनी प्रेमिका से शादी करने जैसी कारगुज़ारियों के चलते कैथरीन ने योजनाबद्ध तरीके से उसका तख़्तापलट कर दिया। वह गिरफ़्तार हुआ और सरकारी अधिकारियों ने कैथरीन को रूसी साम्राज्य की ऑटोक्रेट घोषित किया। वह जर्मन थी जिसकी भाषा फ्रेंच थी और जिसने यूरोपीय और पुरानी रूसी मान्यताओं को मिलाकर शासन का एक नया मॉडल तैयार किया। रूस की मातृ छवि, मातुष्का (Matushka) के रूप में उसने ख़ुद को प्रस्तुत किया और तदनुसार ही अधिकार, परोपकार, धर्मपरायणता, करुणा और ममत्व जैसे गुणों को अपनाया।[5] चेचक के टीकाकरण की शुरुआत के अलावा उसने मृत्युदंड को भी ख़त्म किया।

1764 में उसने सेंट पीटर्सबर्ग में कुलीन लड़कियों के लिए एक आवासीय स्कूल खोला और इसके बाद मध्यवर्गीय लड़कियों के लिए मॉस्को में। सीना-पिरोना सिखाना इन स्कूलों की शिक्षा का महत्त्वपूर्ण हिस्सा था। शिक्षा इसलिए ज़रूरी थी कि औरतें स्पष्टता से सोच सकें और स्पष्ट सोच सकने वाली स्त्री अधिक आत्म संयमी, शालीन, बलिदानी और इसलिए बेहतर माँ होगी। साम्राज्ञी ने लिखा—

घर में हर कोई, यानी गृह स्वामिनी, बच्चे और दास को घर के मुखिया या मालिक को अपने संरक्षक और दाता के रूप में प्यार करना चाहिए।[6]

एक तरह से कैथरीन ने स्त्री-शिक्षा के लिए आधारभूत ढाँचा खड़ा करते हुए भी रूसी समाज में व्याप्त रूढ़िवादिता को ही आगे बढ़ाया। एक पितृसत्तात्मक समाज में मातृ रूप में लोकप्रिय होने की शायद यह शर्त भी है कि

---

5. देखें, भूमिका पेज-73, *अ हिस्ट्री ऑफ़ वुमेन इन रशिया*, बारबरा एवांस क्लिमेंट्स, इंडियाना यूनिवर्सिटी प्रेस, 2012
6. देखें, भूमिका पेज-75, *अ हिस्ट्री ऑफ़ वुमेन इन रशिया*, बारबरा एवांस क्लिमेंट्स, इंडियाना यूनिवर्सिटी प्रेस, 2012

स्त्रियों का परम्परागत स्थान बदलने की कोशिश न की जाए और स्टीरियोटाइप को बढ़ावा दिया जाए। 1792 तक अभिजात वर्ग की लड़कियों के लिए 302 पब्लिक स्कूल हो गए।

सजावटी सुधार : यूँ तो पूरी दुनिया में लगभग एक ही तरह से स्त्रियों के प्रति एक हीनतर सोच और स्त्री-द्वेषी परंपराएँ रही हैं। और जिस तरह यूरोप के पुनर्जागरण की यह विशेषता रही कि कुलीन स्त्रियों को ऐसी आधुनिकाएँ बनाया जाए जो बेहतर पत्नियाँ और गृहणियाँ साबित हों, राष्ट्र की उन्नति में उनसे जो पितृसत्तात्मक अपेक्षाएँ हैं उन्हें पूरा करें, उसी तर्ज़ पर रूस के कुलीन वर्ग की स्त्रियों की शिक्षा और आधुनिक तौर-तरीके, परिधान और फ्रेंच भाषा सिखाया जाना शुरू हुआ। फ़र्क़ यह था कि यहाँ सुधार नीचे से ऊपर की ओर नहीं बल्कि ऊपर से कुलीन वर्ग, नोबल्स और मध्यवर्गीय स्त्रियों तक आए। रूस के निरंकुश शासकों ने ही स्त्रियों के लिए प्रगतिशील बदलावों को लाने में भूमिका निभाई। पीटर की महत्त्वाकांक्षा थी कि रूस भी यूरोप के बाक़ी देशों की आधुनिक जमात में खड़ा हो सके और इसके लिए बेहद ज़रूरी लगा उसे कि कम-से-कम ऊँचे खानदानों, प्रशासनिक अधिकारियों की स्त्रियाँ पुरुषों के बराबर खड़ी हों, उन्हें पर्दे से निकाला जाए, शिक्षित किया जाए। रूस में शुरुआती उन्नीसवीं सदी में शिक्षा सामाजिक प्रतिष्ठा के हिसाब से मिलती थी, जैसा कि पारम्परिक समाजों में होता है। इसका सीधा मतलब था कि स्त्रियों को शिक्षा उनके भविष्य में निभाई जाने वाली भूमिका के हिसाब से ही मिलेगी। यह संस्कृति यूरोपीय संस्कृति में गहरे समाहित थी। आर्थिक वर्ग एक बड़ा कारक था।[7]

इन इंस्टीट्यूट्स,जिनका मर्द मज़ाक उड़ाते थे, में एक अच्छी गृह-प्रबन्धक बनने के लिए ही उन्हें प्रशिक्षित किया जाता था। इसने कुलीन, शहरी स्त्री और ग्रामीण स्त्री के बीच एक विशद अंतराल भी पैदा किया क्योंकि शिक्षा का तमाम स्त्रियों तक प्रसार करना किसी का लक्ष्य नहीं था। उनका जीवन अनछुआ ही रह गया। स्वयं को एक बौद्धिक महिला के रूप में विकसित होने देने का अधिकार नहीं था। रूसी समाज में इंस्टीट्यूट एक मज़ाक बनकर रह गया था और समानार्थी हो गया था, बचकानी, कमअकल महिलाओं का।[8] ऐसा होना ही था क्योंकि

---

7. देखें, पेज-3, *वुमेन लिबरेशन मूवमेंट इन रशिया,* रिचर्ड स्टाइट, प्रिंसटन यूनिवर्सिटी प्रेस, न्यू जर्सी, 1990
8. देखें, पेज-5, *वुमेन लिबरेशन मूवमेंट इन रशिया,* रिचर्ड स्टाइट, प्रिंसटन यूनिवर्सिटी प्रेस, न्यू जर्सी, 1990

पीटर या कैथरीन ने कोई संरचनात्मक बदलाव नहीं किए थे। स्त्री-पुरुष की समाज में जो निश्चित जगह थी उसमें सुधार या बदलाव का कोई मकसद नहीं था। 1717 में प्रकाशित एक व्यवहार-निर्देशिका में स्त्री-पाठकों को यह सलाह दी गई कि उन्हें—

अपनी दुर्बलता, शक्तिहीनता और अपनी खामियों को स्वीकार करना चाहिए, ईश्वर के सामने विनीत होना चाहिए और अपने पुरुष साथी को अपने से ज़्यादा समझना चाहिए।[9]

ज़ेंसकेई टेरेम[10] : स्त्रियों का क्वारंटीन सदियों पुरानी परम्परा है

ऊँचे खानदानों की स्त्रियों का सम्मान बचाने के लिए उन्हें पर्दे में और अलग रखा जाता था। उन्हें कमाने, काम करने के लिए खेतों, खलिहानों में भटकना नहीं पड़ता था। बल्कि उनका काम था घर में रहें, पति से सलाह लें, दासों के काम का निरीक्षण करें, प्रार्थना करें और दिन के अंत में अपनी कढ़ाई-बुनाई पर सिर धरे सो जाएँ।[11] मस्कोवाइट काल में पराए मर्दों से उन्हें दूर रखने के लिए घरों में, चर्च में एक आड़ में रहना होता था और बंद गाड़ियों में घूम सकती थीं मॉस्को में। अपने अपमान के बदले न्याय के लिए वे अदालत का दरवाज़ा खटखटा सकती थीं। अपमान के बदले पुरुष को जितना हर्ज़ाना मिलता था स्त्री को उसका दोगुना और बेटियों को उसका चौगुना मिला करता था। स्त्रियों के लिए पुरुषों की तुलना में अपमान एक तरह से सामाजिक निर्वासन ही था। आसानी से ब्याह नहीं होते थे अगर ब्याह लायक उम्र है। अंतर यह था कि जहाँ इटली जैसे देशों में स्त्री का अपमान परिवार का अपमान माना जाता था और स्त्री का पति इसके लिए अदालत में दरख्वास्त कर सकता था, कीवन काल (Kievan) से ही स्त्रियाँ अपने अपमान के लिए स्वयं अदालत जा सकती थीं और फ़ाइन उन्हीं के नाम जारी किया जाता

---

9. देखें, पेज-68, *अ हिस्ट्री ऑफ़ वुमेन इन रशिया,* बारबरा एवांस क्लिमेंट्स, इंडियाना यूनिवर्सिटी प्रेस, 2012
10. यानी घर का वह हिस्सा जहाँ घर की औरतें रहती थीं, ज़नाना, यह उनका क्वारंटीन था- विस्तार के लिए देखें पेज-13, *वुमेन लिबरेशन मूवमेंट इन रशिया,* रिचर्ड स्टाइट, प्रिंसटन यूनिवर्सिटी प्रेस, न्यू जर्सी, 1990
11. देखें, पेज-35, *अ हिस्ट्री ऑफ़ वुमेन इन रशिया,* बारबरा एवांस क्लिमेंट्स, इंडियाना यूनिवर्सिटी प्रेस, 2012

था जो कि उनके नाम सम्पत्ति भी हो सकती थी।[12]

स्त्रियों की यह एकांतता ज़ार परिवार और सम्भ्रांत परिवार की स्त्रियों के साथ अधिक थी। उनका न दिखना एक विशेषता थी। वे जितनी छिपी हुई होंगी उतनी अनमोल होंगी। सत्रहवीं सदी तक मुद्रा के रूप में ताम्बे का चलन घट चुका था। यहीं से यह कहावत बनी कि— 'कुंवारी दिख जाए तो ताम्बा है और अनदिखी लड़की सोना है।'[13] दुनिया भर में स्त्रियों की गतिविधियाँ, उनका आना-जाना, उठना-बैठना, हँसना-बोलना यानी सामान्य मानवीय और सामाजिक व्यवहार एक खानदान की इज़्ज़त और साख के साथ जोड़े गए। उन्हें सीमाओं में महदूद रखने का चलन उनकी सुरक्षा से अधिक खानदान की शान से जुड़ा हुआ था।

द प्राइमरी क्रॉनिकल : कीवन रूस (Kievan Rus)के अतीत की कहानी कहने वाला यह ग्रंथ, जिसके बारे में कहा जाता है कि अब पूरी तरह अपने मूल रूप में सुरक्षित नहीं रहा इसलिए पूर्णतः विश्वसनीय नहीं है, लेकिन वह अतीत का एक संकेत तो देता ही है। ओल्गा जैसी स्त्री की कहानी वहाँ मिलती है, हालाँकि इतिहासकार इसे पूरी तरह ऐतिहासिक रूप से प्रामाणिक नहीं ठहराते लेकिन रूस में ईसाइयत को ले आने की शुरुआत ओल्गा से ही मानी जाती है। कीव राजकुमार आइगर को रूस के पुराने शत्रु डेरेव्लियंस ने युद्ध में हराया और सर धड़ से अलग कर दिया। वह अपने बेटे की राज्य-संरक्षक (रीजेंट) थी (945 ई. से 960 ई. लगभग) डेरेव्लियंस ने ओल्गा को अरक्षित स्थिति में पाकर यह प्रस्ताव भेजा कि वह उनके प्रिंस से विवाह कर ले तो ये दोनों शत्रु एक हो जाएँगे। यह बात ओल्गा को नागवार गुज़री कि पति का हत्यारा विवाह प्रस्ताव दे। मानो यह उसके चरित्र की दृढ़ता पर हमला था। इस कार्य को अंजाम देने आए दूतों को ओल्गा ने ज़िंदा चुनवा दिया। फिर यह बहाना करके कि वह इस प्रस्ताव के लिए तैयार है वह डेरेव्लियंस की राजधानी तक गई, शहर की सीमा के बाहर कैम्प लगाया और शत्रुओं के लिए भव्य दावत रखी। इसके बाद नशे में धुत्त शत्रुओं की उसने हत्या करवाकर जश्न का अंत किया। सम्भवतः यह पूरा मिथ हो लेकिन ओल्गा का ईसाइयत अपना लेना ऐतिहासिक तथ्य है। आने वाली कई शताब्दियों में ईसाइयत

---

12. देखें, पेज-36, *अ हिस्ट्री ऑफ़ वुमेन इन रशिया,* बारबरा एवांस क्लिमेंट्स, इंडियाना यूनिवर्सिटी प्रेस, 2012
13. देखें, पेज-17, *विमेन इन रशिया,* सं-डोरोथी एट्किंसन, एलेक्ज़ेंडर डेलिन और गेल वॉरशॉफ्स्की लैपिडस, स्टैनफोर्ड यूनिवर्सिटी प्रेस, कैलिफ़ोर्निया, 1977

का प्रसार धीरे-धीरे होता रहा। जेंडर को लेकर ईसाइयत से पहले की समझ का बहुत स्पष्ट फ़र्क करना तो मुश्किल है लेकिन ईसाइयत के आने के साथ स्त्री की पापनिष्ठता की धारणाएँ सामने आने लगीं। नारी नर्क का द्वार है और सब उसकी वजह से नष्ट होंगे, वह पुरुषों को पाप की ओर ले जाती है, ऐसी बातें सुनाई देने लगीं। सती, पतिव्रता और कुलटा नार का फ़र्क जैसे भारतीय संदर्भों में देखने को मिलता है ठीक इसी तरह अच्छी पत्नी और बुरी औरत का श्रेणीकरण, मातृत्व का महिमामण्डन किया जाने लगा।

असल में ईसाइयत का रूसी समाज में प्रसार स्त्रियों के लिए क्या अच्छे और बुरे प्रभाव लाया यह एक अलग शोध और बहस है लेकिन कुछ बातें साफ़ दिखाई दीं जैसे बहुविवाह, लड़कियों का अपहरण और पत्नियों के परित्याग के विरोध में रहा चर्च और भले ही चर्च में विवाहों का प्रचलन बहुत बाद में आया लेकिन चर्च विधवाओं के हितों की सुरक्षा के लिए आर्थिक मदद जैसे कदम उठाते थे।[14] चर्च के प्रभाव से औरतों को लेकर दो तरह के विचार प्रचलित हुए। एक जिसमें एक अच्छी पत्नी और माँ यानी एक बधिया, अ-यौनिक स्त्री का महिमामण्डन था और दूसरा जिसमें स्त्री अशुद्ध सेक्स मानी गई, वे औरतें जिनमें इच्छाएँ हैं, यौनिकता है, पाप की खान समझी गईं। इन दो छोरों पर रूस की पितृसत्ता निर्मित होती है।

जब शैतान हार जाता है तो औरत को भेजता है[15]

(एक रूसी लोकोक्ति)

किससे हार जाता है शैतान? किसे हराना चाहता है शैतान? निश्चित रूप से, मर्द को। वह मर्द जो यूँ तो ऐसा पौरुषयुक्त, बलवान, मेहनती, पराक्रमी है कि उसे शैतान भी न हरा सके; लेकिन औरत से हार जाता है। यहाँ औरत उस सभ्यता का हिस्सा नहीं है जिसे मनुष्यों ने मिलकर बनाया है, बल्कि जैसे वह होमो सेपियंस ही नहीं है, बल्कि किसी और ग्रह से अवतरित हुई है उस काम को पूरा करने जो शैतान के हिस्से का था।

---

14. देखें, पेज-10, *विमेन इन रशिया,* सं-डोरोथी एट्किंसन, एलेक्ज़ेंडर डेलिन और गेल वॉरशॉफ्स्की लैपिडस, स्टैनफोर्ड यूनिवर्सिटी प्रेस, कैलिफ़ोर्निया, 1977
15. देखें, आरम्भिक पृष्ठ, *अ हिस्ट्री ऑफ़ वुमेन इन रशिया,* बारबरा एवांस क्लिमेंट्स, इंडियाना यूनिवर्सिटी प्रेस, 2012

ग्रामीण और शहरी जीवन में स्त्रियों के लिए जो कहावतें, लोकोक्तियाँ प्रचलन में होती हैं वे सामाजिक यथार्थ का कुछ आभास देती हैं। रूसी जीवन में भी, मध्यकाल तक दो अलग तरह की धारणाएँ मिलती हैं? जो बताती हैं कि एक तरफ़ स्त्री को कपटी मानते हुए उसे नियंत्रित करने की ज़रूरत पर ज़ोर देती हैं और दूसरी जो एक आज्ञाकारी, सुशील स्त्री का जीवन में महत्त्व सिद्ध करती हैं। किसान कहता है–पत्नी जग नहीं है, तुम्हारे मारने से टूट नहीं जाएगी। तो कोई शिकायत करता है–एक औरत के मुकाबले मक्खियों के एक झुँड को सँभालना आसान है। या कहता है– एक केंकड़ा मछली नहीं होता, एक चमगादड़ पक्षी नहीं होता और जोरू का ग़ुलाम मर्द नहीं होता। यह बताता है कि स्त्रियाँ हमेशा ही पितृसत्ता के नियमों का अनुसरण नहीं करती थीं और ऐसे पुरुष जो पत्नियों को महत्त्व देते थे उन्हें सम्मान नहीं मिलता था। पत्नियों पर नियंत्रण मर्दवाद की एक बड़ी चुनौती है। भाषा में औरतों के पास भी इसके जवाब होते हैं और उसी तरह होते हैं जैसे लोक के बीच प्रचलित उक्तियाँ दुनिया के किसी भी कोने में मिल जाएँगी। 'मूर्ख से मूर्ख औरत भी पति को सच नहीं बताएगी', 'एक औरत कोई साज़ नहीं है कि जब बजाने से जी भर जाए तो दीवार पर टाँग दो।'[16]

द दोमोस्त्रॉय : मानो मनुस्मृति का कोई संस्करण हो

यह जानना दिलचस्प है कि मध्यकाल में रूस में एक ऐसी कृति की रचना की गई थी जो रूस के कुलीन घरों की व्यवस्था, स्त्रियों के काम, मर्यादाएँ, दासों के कर्तव्य और मालिक पुरुष को एक रूसी कुलीन घर की व्यवस्था को बनाए रखने सम्बन्धी निर्देश देती थी। सोलहवीं सदी की किताब द *दोमोस्त्रॉय* का लेखक अज्ञात है, जो रूसी समाज के भीतर घर-बार चलाने, राज्य और राजा के प्रति कर्तव्य निर्वाह के नियम बताती है। 1550 के आस-पास लिखी गई यह किताब माना जाता है कि किसी बड़े संत या नौकरशाह द्वारा रचित है, या ऐसे पुरुषों के समूह द्वारा जो पुरुषों को उनके घरों को चलाने के निर्देश देती है।

इसका लेखक स्त्री को पुरुष का ग़ुलाम नहीं मानता बल्कि उसके अनुसार घर को चलाने में स्वामिनी की महत्त्वपूर्ण भूमिका है और इसलिए उसके व्यवहार

---

16. देखें, पेज-28,29, *अ हिस्ट्री ऑफ़ वुमेन इन रशिया,* बारबरा एवांस क्लिमेंट्स, इंडियाना यूनिवर्सिटी प्रेस, 2012

को खास तरीके से अनुकूलित और प्रशिक्षित किया जाना चाहिए। स्वामिनी को पति का आज्ञाकारी, सुशील, पवित्र होना चाहिए, पति से प्यार करना चाहिए। नौकरों के साथ सख़्त होना चाहिए और उनसे काम लेना आना चाहिए। आज्ञाकारिता एक बड़ा मूल्य था जिसकी अपेक्षा पत्नियों और दासों से की जाती थी। खानदान की इज़्ज़त बाहर बनाकर रखना उसका काम था। बच्चों का ढंग से प्रशिक्षण हो यह उसे देखना था। पति जब मेहमानों को बुलाए तो उनके आने पर भी वह पति के निर्देशों का पालन करे, उसका काम है कि उनके सामने अपने सबसे अच्छे कपड़े पहन कर उपस्थित हो, जब सब खाना खाएँ तो वह शराब न पिए, शराब पीने वाली औरत की धरती पर कोई जगह नहीं। वह मेहमान महिलाओं से सिलाई के काम और गृह संचालन की बातें बेहद सौम्यता से करे। पति पर कभी ग़ुस्सा न हो। संतान पालन माता-पिता दोनों का काम है। पिता बेटों को अपने व्यवसाय की शिक्षा दें और माताएँ बेटियों को महिलाओं द्वारा किए जाने वाले काम सिखाएँ। दासों को मारना जायज़ था।

जिनके यहाँ बेटी जन्म ले वे उसके बचपन से ही कपड़े, ब्लाउज़, कीमती पत्थर, गहने, बर्तन जोड़ना शुरू कर दें एक अलमारी में। उसके बड़े होने तक तुम्हारे पास काफ़ी सामान होगा उसकी शादी के लिए।[17] तुम्हारे पास बेटी है तो उसकी पवित्रता का ध्यान रखो। हठी और मनमानी करने वाली बेटी पर कड़ी निगाह रखो वरना वह पूरे शहर में तुम्हारी आँखें नीची करवा देगी, लोग बातें बनाएँगे, तुम्हारे दुश्मनों को मौक़ा मिल जाएगा।[18]

कुछ मानी में यह पितृसत्ता स्त्री पर व्यवस्थाबद्ध नियंत्रण रखती थी और कुछ मामलों में उदार थी।

उदारवादी पितृसत्ता :

रॉबर्ट स्टाइट बताते हैं कि लड़कियों का विवाह उनके अभिभावक की मर्ज़ी के बिना नहीं हो सकता था लेकिन इसका मतलब यह नहीं कि जबरन उनका विवाह

---

17. देखें, पेज-95, द *दोमोस्त्रॉय, द रूल्स फ़ॉर रशियन हाउसहोल्ड इन द टाइम ऑफ़ इवान एंड टेरिबल,* सं और अनुवाद- केरोलिन जॉनस्टन पाउंसी, कॉर्नेल यूनिवर्सिटी प्रेस, इथाका एंड लंदन, 1994
18. देखें, पेज-96, द *दोमोस्त्रॉय, द रूल्स फ़ॉर रशियन हाउसहोल्ड इन द टाइम ऑफ़ इवान एंड टेरिबल,* सं और अनु.: केरोलिन जॉनस्टन पाउंसी, कॉर्नेल यूनिवर्सिटी प्रेस, इथाका एंड लंदन, 1994

किया जा सकता था। बल्कि ज़बरदस्ती विवाह करने पर माँ-बाप पर चर्च फ़ाइन लगा सकता था। यह दक्षिण एशियाई समाजों से तो अलग था लेकिन मौत और गिरफ़्तारी के अलावा शादी से बाहर आने का रास्ता सिर्फ़ तलाक था और तलाक़ औरतों के लिए बेहद मुश्किल था। उनकी अपनी कोई नागरिक पहचान नहीं थी। यह इससे समझा जा सकता है कि उनके पास अपने पासपोर्ट नहीं होते थे, वे पति के पासपोर्ट पर ही सफ़र करती थीं। पहले माता-पिता और उसके बाद पति उसका संरक्षक था। बिना पति के उसकी कोई स्वतंत्र अस्मिता नहीं थी। अविवाहित लड़की के लिए कहा जाता था—ने ज़ेनत ने चेलोवेक (नॉट मैरिड, नॉट ह्यूमन) जो शादीशुदा नहीं वह मनुष्य नहीं, या ओल्ड मेड। उन्हें पाला ही आज्ञापालन के लिए जाता था। टॉल्स्टॉय के उपन्यास *आन्ना कारेनिना* में भी इसके कई संदर्भ मिलते हैं। यूँ ये सब यूरोपियन नियम संहिता ही थी स्त्री के लिए लेकिन हाँ, वे सम्पत्ति की मालिक हो सकती थीं, यह बाकी यूरोप से अलग था। पत्नी अपनी सम्पत्ति भी रख सकती थी और पति की सम्पत्ति का एक सातवाँ और उसकी चल सम्पत्ति का एक चौथाई हिस्सा उसे मिल सकता था। बेटियों को बेटों के बराबर तो नहीं लेकिन हिस्सा मिल सकता था। एक संक्रमणकालीन अवस्था में समाज था जो तय नहीं कर पा रहा हो कि स्त्री के प्रति उदार होना है या उसे नियंत्रण में रखना है? विश्व प्रसिद्ध रूसी क्लासिक *आन्ना कारेनिना* में टॉल्स्टॉय लिखते हैं—

> उन्होंने देखा कि कीटी की हमउम्र लड़कियाँ कुछ अपने संगठन बनाती हैं, कई तरह के कोर्सों में जाती हैं, मर्दों के साथ आज़ादी से मिलती-जुलती हैं, सड़कों पर अकेली सवारी करती हैं, बहुत-सी अभिवादन करते हुए घुटने नहीं झुकातीं और सबसे बड़ी बात तो यह है कि सभी यकीन रखती हैं कि अपने लिए पति चुनना उनका अपना काम है और माँ-बाप का इससे कोई वास्ता नहीं है। 'अब तो पहले की तरह लड़कियों की शादी नहीं की जाती', ये सभी युवतियाँ सोचतीं और कुछ बड़े-बूढ़ों का भी यही हाल था। लेकिन अब बेटियों की शादी कैसे की जाती है, प्रिंसेस किसी से भी यह मालूम नहीं कर सकती थीं। फ्रांसीसी प्रथा, जिसके मुताबिक माँ-बाप बच्चों के भाग्य का निर्णय करते हैं, मान्य नहीं थी, उसकी आलोचना की जाती थी। अंग्रेज़ी प्रथा कि लड़कियों को पूरी आज़ादी दी जाए, यह भी अमान्य थी और रूसी समाज में असम्भव थी। सगाई की

रूसी प्रथा बेहूदा मानी जाती थी और ख़ुद प्रिंसेस उसका मज़ाक उड़ाती थीं। लेकिन कैसे और किस तरह लड़की की शादी की जाए कोई नहीं जानता था।[19]

1870 से पहले तक स्त्रियों के लिए न उच्च शिक्षा थी न व्यावसायिक प्रशिक्षण। 1850 तक माध्यमिक शिक्षा उपलब्ध नहीं थी किसी भी वर्ग की लड़कियों के लिए। 1764 से 1858 के बीच माध्यमिक स्कूल सिर्फ़ कुलीन लड़कियों के लिए थे। ये भी 1764 में तब बने जब कैथरीन द ग्रेट ने ऊँचे खानदान की लड़कियों के लिए पारम्परिक और जेंडर भूमिका के अनुकूल शिक्षा के लिए खोले। इन्हें इंस्टीट्यूट कहा जाता था और सेना व नौकरशाहों की पुत्रियों के लिए इनमें जगह थी। लड़कों के बीच इन इंस्टीट्यूट्स का पर्याप्त मज़ाक बनता था, क्योंकि ये शिक्षण संस्थान नहीं थे बल्कि कुलीन पत्नी की ट्रेनिंग के केंद्र थे।

शिक्षा तो शिक्षा है, कहीं-न-कहीं से वह दिमाग़ को रौशन कर जाती है।

डोरा डी इस्टीरिया नाम से लिखने वाली डचेस एलेन घिचा बेहद प्रसिद्ध लेखक रही, स्त्रीवादी थी, कई तरह की संस्कृतियों के बीच पली। समाज-सेवा लेकर स्त्रियों के प्रति आधुनिक विचारों को रूस में लाने में भी इसकी भूमिका थी। स्त्रीवादी आंदोलनों के दूसरे चरण यानी 1960-70 का दशक, जब इस वक्त, विशेष रूप से शीत युद्ध के चलते, रूस के इतिहास की ओर विशेष ध्यान गया तो मालूम हुआ कि वहाँ ऐसी कई स्त्रियाँ हैं, जो फ़ेमिनिस्ट इतिहास-लेखन के नज़रिए से बेहद महत्त्वपूर्ण किरदार रही हैं।

बदलाव का दूसरा दौर : उन्नीसवीं सदी

उन्नीसवीं सदी बदलाव का नया दौर लाई। इन सुधारों की शुरुआत हुई 1861 में किसानों की बंधुआ वृत्ति के उन्मूलन से। लेकिन इससे भी पहले क्रीमिया का युद्ध हो चुका था। निकोलस प्रथम की ग़लती का परिणाम सबने भुगता। एक्रॉन विश्वविद्यालय, ओहियो की अवकाश प्राप्त इतिहास की प्रोफ़ेसर, बारबरा इवांस क्लिमेंट्स, जिन्होंने बोल्शेविक क्रांति और स्त्रियों पर, एलेक्ज़ेंड्रा कोलोंताई पर शोध-कार्य किए हैं, अपनी किताब *अ हिस्ट्री ऑफ़ विमेन इन रशिया* में लिखती हैं कि—

19. देखें, पेज-73, *आन्ना कारेनिना, लेव टॉल्स्टॉय,* राजकमल विश्व क्लासिक, अनु.: डॉ. मदनलाल मधु, संस्करण 2010

बर्बादियाँ लोगों को ख़ुद का पुनर्मूल्यांकन करने को मजबूर करती हैं। क्रीमिया का युद्ध ऐसी ही तबाही था।[20]

युद्ध बड़े स्तर पर तबाही लाया। डचेस एलेन ने इस युद्ध में घायल सैनिकों की मदद के लिए 'सिस्टर्स ऑफ़ मर्सी' नाम का समुदाय बनाया जिसमें 163 नर्सें थीं जिन्होंने एक लम्बी यात्रा कर क्रीमिया पहुँच अपनी साहसिक मदद के लिए देश में खूब नाम कमाया। इस टीम का नेतृत्व करने वाले डॉक्टर पेगोरोव ने बाद में कहा कि स्त्री शिक्षा में सुधारों की ज़रूरत है क्योंकि वे भी समाज को अपना योगदान दे सकती हैं। शिक्षा औरतों को सजी-धजी गुड़िया बनाती है, पर्दे में छुपाती है, लेकिन वे अपने पर्दे के परे जाकर देख सकें तो जानेंगी कि उनके लिए कितना कुछ छुपा हुआ है।[21] वे उपयोगी हो सकती हैं इसलिए उन्हें शिक्षित किया जाए। लेकिन एलेना का मतलब यह बिलकुल नहीं था और आगे महिलाओं के मुद्दे पर उसने कोई कदम नहीं उठाया। निकोलस की 1855 में मृत्यु के बाद सम्राट एलेक्ज़ेंडर ने स्त्री शिक्षा पर चर्चा आमंत्रित की क्योंकि उनकी शिक्षा समाज के लिए और ख़ुद के लिए महत्त्वपूर्ण हो सकती है और यहीं से रूस में स्त्री-प्रश्न राजनीतिक पटल पर आया। एलेक्ज़ेंडर द्वितीय के काल में ही बंधुआ मज़दूरी के उन्मूलन के बाद सैन्य सुधार, विश्वविद्यालय सुधार, स्थानीय स्वशासन की स्थापना और सेंसरशिप का कमज़ोर होना, ग़ैर-सरकारी संगठनों के लिए इजाज़त मिलना, जैसे कई बदलाव हुए। इन उदारवादी परिवर्तनों के चलते औरतों के लिए भी सामाजिक जीवन में राह बनी।

रूसी स्त्रीवादियों ने शहरी ग़रीब स्त्री की मदद के लिए हाथ बढ़ाए। 1859 में सेंट पीटर्सबर्ग में अविवाहित महिलाओं के लिए पहला सस्ता हॉस्टल बनाया गया। उन्हें किताबें प्रिंट और बाइंड करना सिखाया गया। औरतें नौकरियों में आना शुरू हुईं। स्कूलों की संख्या बढ़ी और 1890 तक हर साल माध्यमिक शिक्षा लेने वाली लड़कियों की संख्या 79,000 हो गई।[22] पत्रिकाओं में महिलाओं

---

20. देखें, पेज-109, *अ हिस्ट्री ऑफ़ विमेन इन रशिया,* बारबरा एवांस क्लिमेंट्स, इंडियाना यूनिवर्सिटी प्रेस, 2012
21. देखें पेज-32, *वुमेन लिबरेशन मूवमेंट इन रशिया,* रिचर्ड स्टाइट, प्रिंसटन यूनिवर्सिटी प्रेस, न्यू जर्सी, 1990
22. देखें, पेज-117, *अ हिस्ट्री ऑफ़ वुमेन इन रशिया,* बारबरा एवांस क्लिमेंट्स, इंडियाना यूनिवर्सिटी प्रेस, 2012

के ख़त, लेख वगैरह छपने शुरू हो गए जो बताते थे कि कैसे शिक्षा औरतों को भविष्य के लिए तैयार नहीं करती, उनके पास कोई योजना नहीं होती और यह ढुल-मुल रवैया वे अपनी बेटियों को भी सौंपती हैं। स्त्रियों की उच्च शिक्षा के लिए कॉलेज खुलवाने में तो स्त्रीवादियों को सफलता मिली ही उन्होंने महिलाओं की डॉक्टरी की शिक्षा के लिए भी मेडिकल स्कूलों में उनके प्रवेश के सफल कैम्पेन चलाए। महिलाओं के डॉक्टरी पढ़ने के ख़िलाफ़ विरोध काफ़ी मज़बूत था। 1865 में ज़्यूरिक विश्वविद्यालय में महिलाओं को डॉक्टरी में प्रवेश मिलने लगा तो कई महिलाएँ पश्चिम की ओर चली गईं जिनकी लगातार जासूसी की जाती थी। छात्र उग्र राजनीतिक विचार अपना रहे हैं ऐसी ख़बरें ज़ार तक पहुँचती रहती थीं। नतीजतन कई विद्यार्थियों को वापस बुलाया जाता था। इस सबका हल यह निकाला गया कि लड़कियों को रूस में ही मेडिसिन पढ़ने दिया जाए। 1882 तक रूस में 200 महिलाओं ने डॉक्टरी प्रशिक्षण पूरा किया। 1882 वह साल है जब महाराष्ट्र, भारत से आनंदीबाई जोशी अमरीका पहुँची थीं डॉक्टरी पढ़ने के लिए जिन्हें पहली महिला डॉक्टर माना जाता है। पंडिता रमाबाई भी इसी साल इंग्लैंड के लिए रवाना हुई थीं डॉक्टरी पढ़ने ही, लेकिन किन्हीं कारणों से मेडिसिन न पढ़कर शिक्षण-प्रशिक्षण लिया।

उग्र राजनीतिक विचारों के प्रति छात्रों का आकर्षित होना कोई हैरानी की बात नहीं थी क्योंकि निकोलस प्रथम के समय से ही नाइलिस्ट (Nihilist) विचारों की पृष्ठभूमि तैयार हो रही थी। ये रैडिकल समूह किन्हीं भी मूल्यों में यकीन नहीं रखते थे और यथास्थितिवाद के विरोधी थे और वंचितों के लिए काम करने के समर्थक। आम लोगों की मदद के लिए मेडिकल और शिक्षा का क्षेत्र सबसे मुफ़ीद था। सत्ता के ख़िलाफ़ अपना विरोध जताने के लिए इन समूहों से जुड़ी महिलाएँ बाल छोटे कटवा लेती थीं और सिगरेट पीते हुए सड़कों पर अपने विरोध का उद्घोष करती थीं। लेकिन ख़ुद को बदलने से दुनिया नहीं बदल जाती। ज़ार की हत्या की कोशिश के बाद नाइलिस्टों का दमन कर दिया गया और उनमें से कुछ क्रांतिकारी समाजवादी हो गये। शुरुआती स्त्रीवादियों ने सरकार की मदद से हालात बदलने की कोशिश की थी। 'पॉप्युलिस्ट' कहलाने वाले ये क्रांतिकारी मोनार्की को उखाड़ फेंकने में बदलाव का रास्ता देख रहे थे। एलेक्ज़ेंडर द्वितीय की हत्या भी इसी इरादे से की गई लेकिन कोई क्रांति नहीं हुई बल्कि, हत्यारों को पकड़ लिया गया, बहुत सी महिलाएँ गिरफ़्तार हुईं और एक महिला लीडर सोफ़िया पेरोव्स्काया को मृत्युदंड मिला।

पॉप्युलिस्ट क्रांतिकारी, समाजवादी संगठनों में महिलाएँ यूरोप के किसी भी रैडिकल संगठन की तुलना में ज़्यादा थीं। ये सामाजिक न्याय की राह पर चलते हुए काँटों का ताज पहनने के लिए भी सहर्ष तैयार थे। 1890 और 1914 के बीच औरतें सामाजिक गतिविधियों में भाग ले रही थीं। मिलों, फ़ैक्टरियों में काम करने वाली औरतों की हालत बहुत ख़राब थी। उनके काम की स्थितियाँ दयनीय थीं, शोषक थीं और मेहनताना भी पूरा नहीं मिलता था। इन औरतों ने कम्युनिस्ट विचारों को फैलाने के काम किए और यूनियनों में हिस्सेदारी की। अध्यापिकाएँ, डॉक्टर, पत्रकार, फ़ैक्टरी मज़दूर, किसान महिला हर तरह की औरत ने क्रांति में अपनी भूमिका निभाई।

एक रूसी महिला डॉक्टर एना बैक जब सेंट पीटर्सबर्ग में प्रशिक्षण ले रही थी उसे कम्युनिस्ट संगठन की गतिविधियों से जुड़े होने की वजह से देश निकाला भी दिया गया। मई 1901 में जब वह मेडिकल के चौथे साल में जाने वाली थी उसे छात्र संगठन की एक हड़ताल का नेतृत्व करने के लिए यह दंड दिया गया। 1902 में वह सज़ा का समय पूरा कर वापस लौटी और पढ़ाई पूरी की। एना बैक ने कॉपी के पन्नों पर अपनी डायरी लिख छोड़ी थी जिसे नब्बे के दशक के बाद ही खोजा जा सका और यह सामने आ पाई। एक अमरीकी महिला एन्न डी. रासवीलर को रूस के इतिहास ने अपनी ओर खींचा और 1990 से 1993 के बीच अपने एक शोध प्रोजेक्ट के साथ उसने रूस की यात्राएँ कीं। एन्न रूस और सोवियत इतिहास विषय पर प्रिंसटन विश्वविद्यालय से 1980 में पीएच-डी कर चुकी थी। इस यात्रा में उसे सोवियत क्रांति के दौर की कई महिलाओं के ऐसे संस्मरण मिले जिनके बारे में किसी को मालूम न था। ये आत्मकथात्मक संस्मरण स्कूल की दो लाइन वाली एक कॉपी में लिखे हुए थे और एन्न को ऐतिहासिक दृष्टि से इसका प्रकाश में आना महत्त्वपूर्ण लगा। एना बैक के संस्मरणों ने उसे सबसे ज़्यादा प्रभावित किया और उसने इनका अनुवाद और सम्पादन किया। एना बैक के परिवार में लोगों से मिलते हुए, आर्काइव्स खंगालते हुए 2002 तक एन्न ने लगभग काम पूरा कर ही लिया था कि एक बीमारी के चलते उसकी मृत्यु हो गई। एडिल. एम. लिंडनमायर(अमरीका में विलानोवा विश्वविद्यालय की इतिहास की प्रोफ़ेसर) ने एन्न की मृत्यु के बाद इस काम को अंजाम तक पहुँचाया और किताब की भूमिका लिखी। इसी किताब से यह अंश—

चौबीस घंटे के अंदर पीटर्सबर्ग छोड़ दो

ट्रांसबाइकल से आने वाले छात्रों ने अपने क्षेत्रीय ध्वज के तले मार्क्सवादी स्टडी सर्कल का गठन किया। आयोजकों में मेरे दोनों भाई इनोकेंटी और अफानसी भी थे। गोष्ठी निम्नलिखित विषयों के अनुसार हुई—

1. मार्क्स के कैपिटल से एक पाठ पढ़ना या व्याख्यान देना
2. चर्चा, वाद-विवाद
3. चाय-क्रैकर्स
4. समूह गायन

नाचना या शराब पीना कभी नहीं होता था। जो गाने गाए जाते थे आमतौर पर उनकी थीम क्रांति होती थी—

1. हिम्मत से, कॉमरेड्स कदम बढ़ाओ
2. बेड़ियाँ तोड़ो, मुझे आज़ाद करो, मैं तुम्हें आज़ादी से प्यार करन सिखाऊँगा
3. मैं सलाखों के पीछे बैठता हूँ
4. उस देश से, उस दूर देश से
5. दुबिनुष्का, एक क्रांतिकारी अंत के साथ, और अन्य गीत।

कोरस के आयोजक हमेशा मेरे भाई इनोकेंटी होते थे। मंडली के सदस्य न सिर्फ़ ट्रांसबाइकलियंस थे बल्कि स्टडी सर्कल के अन्य साथियों द्वारा पुरज़ोर तरीके से सिफ़ारिश के साथ आए अन्य क्षेत्रीय समूहों के लोग भी थे। तो हमने एक यहूदी को मिंस्क शहर से लिया था जो मार्क्सवाद का गंभीर अध्येता था और तत्परता से व्याख्यान देता था। उसके व्याख्यान अपनी नीरसता और शुष्कता के चलते उल्लेखनीय थे। अधिकांश सदस्यों के लिए मार्क्स के नवीन, गहन विचारों को ग्रहण करना मुश्किल था। लेकिन आयोजकों के जोश ने सभी को एक साथ बाँधे रखा।

इसी के साथ मुझे एक छोटी सी घटना याद आती है। शुरुआत में कुछ महिला सदस्य सिलाई-कढ़ाई के काम के साथ आती थीं। आयोजकों में से एक जो यह नोट कर रहा था, आक्रोश में चिल्लाया—"हम इन्हें मार्क्स की कैपिटल पढ़ा रहे हैं और ये स्कर्ट सिल रही हैं!" उसके बाद यह सिलाई का काम बंद हो गया। मेरे भाई अफानसी ने एक भाषण दिया 'बुद्धिजीवी: पूँजीपतियों के दास' और यह बेहद जानदार बन पड़ा। भविष्य के बुद्धिजीवियों को इसने छेड़ दिया और तीखी बहस शुरू हो गई। व्याख्याता के अनुसार पूँजीवादी राज्य की

संरचना अभेद्य थी। एक और बार एक छात्र मार्कोवा के व्याख्यान पर बहस हुई। किसी संयोग से मुझे उस वक्त बर्लिन की यात्रा करनी पड़ी और वहाँ बर्नस्टाइन की शिक्षा से परिचित हुई। बर्नस्टाइन के कॉम्प्रोमाइज़ डॉक्ट्रिन को छात्रों की ओर से तीव्र नकारात्मक प्रतिक्रिया मिली। एक तीखी बहस के बाद ख़ुद वक्ता ने उनसे सहमति जताई। व्याख्यान जैसा भी रहा, उसके बाद उनकी श्रमिकों के प्रति सहानुभूति पूँजीपतियों से संघर्ष के साथ एकात्म रही। सामूहिक गान ने इस भावना को और बढ़ाया और फिर सभा भंग हुई। मुझे लगा जैसे मैं किसी कोहरे में भटक रही थी और मार्क्सवाद ने मुझे पैरों तले ठोस ज़मीन दे दी। प्रकृति और समाज के विकास की नियमितता ने मुझे इस विचार के लिए प्रेरित किया कि एक द्वंद्वात्मक नियमितता मानव मन के विकास में भी होनी चाहिए। मन:जगत के सवालों में मुझे पहले से दिलचस्पी थी। मैंने प्रोफ़ेसर वेदवेंस्की के व्याख्यान में भाग लिया, वे पीटर्सबर्ग के सबसे अच्छे मनोवैज्ञानिक माने जाते थे, लेकिन उस व्याख्यान ने मुझे संतुष्ट नहीं किया।

जब हमारी अपने व्याख्याताओं में रुचि समाप्त हो गई तो संगठन के आयोजकों ने पेशेवर मार्क्सवादियों को हमारे अपार्टमेंट पर बुलाने का फ़ैसला किया। बदले में छात्र कैब से पीटर स्ट्रूव, तुगानो बारानोव्स्की और पावेल एन मिल्युकोव (किसी कारण से जिसे मार्क्सवादी माना जाता था) को ले आए। इस आयातित वक्ता ने चुने हुए विषय पर एक छोटा सा व्याख्यान दिया, उसके बाद छात्रों ने सवाल पूछे, उन्होंने उत्तर दिए, और उसके बाद वही छात्र उन्हें सुरक्षित निकाल ले गए। उनके जाने के बाद हमेशा की तरह आया चाय और कोरल गाने का एजेंडा।

प्रोफ़ेसरों के अलावा हमने ए.एम. गोर्की को बुलाने का फ़ैसला किया लेकिन किसी वजह से यह ठीक से नहीं हो पाया। प्रोफ़ेसर को छात्रों के सामने इस प्रस्तुति के लिए कोई स्पष्ट वजह नहीं नज़र आई, उन्हें काफ़ी मनाया गया तब जाकर वे लाए जा सके। एक उदास भाव से उन्होंने प्रवेश किया, जितनी कुर्सियाँ थीं सब भरी हुई थीं, अपने लिए रखी गई कुर्सी पर वह बैठे, मेज़ पर कुहनियाँ टिकाईं और हथेलियों में सर रखा। एक असहज चुप्पी छा गई। इस चुप्पी को तोड़ने के इरादे से एक छात्र ने अजीब सवाल पूछ लिया, "आप अपने उपन्यासों में किस पार्टी के प्रोग्राम का पालन करते हैं?" गोर्की ने छात्र से भी ऊँची आवाज़ में जवाब दिया, "मैं किसी पार्टी प्रोग्राम का अनुपालन नहीं करता!" अब पहले से भी बोझिल सन्नाटा हो गया। अंत में गोर्की के काम से परिचित एक छात्र ने

बात करना शुरू किया, उसने घुमंतुओं के प्रकारों और उनके नाटक 'द लोवर डेप्थ्स' के बारे में पूछा। बस, गोर्की जीवंत हो गए और बातचीत रोचक हो गई।

यह हमारी मंडली की आख़िरी बैठक थी। इसके तुरंत बाद छात्रों की एक सामान्य हड़ताल शुरू हो गई। तात्कालिक कारण कुछ कीव (Kiev) छात्रों के लिए किसी प्रदर्शन के लिए मसौदा तैयार करना था। एक के बाद एक पीटर्सबर्ग के उच्च संस्थान नामांकित छात्रों की वापसी के लिए माँग करने लगे हमारे मेडिकल संस्थान में भी गड़बड़ी शुरू हो गई। हम पहले से अपने चौथे साल में थे, हमने सभी कक्षाओं की बैठक बुलाई। चिंतित प्रशासन ने भी हमारे प्रतिक्रियावादी छात्रों के समूह को उकसाया। उन्होंने हड़ताल के ख़िलाफ़ तीखी आवाज़ उठाई और कहा, "महिलाओं की मेडिकल शिक्षा अभी ठीक से स्थापित भी नहीं हुई है। निजी संस्थापकों ने बड़ी मुश्किल से मेडिकल कॉलेज को खोलने की इजाज़त हासिल की। ऐसी हड़तालों में हिस्सा लेने से हमारा संस्थान बंद हो जाएगा।" हमने महिला डॉक्टरों की सामाजिक भूमिका की ओर इशारा करते हुए आपत्ति की, "क्या रूस को ऐसी महिला डॉक्टरों की ज़रूरत है जो एक कठिन राजनीतिक घड़ी में कहे 'यह मेरी चिंता नहीं, यहाँ हम डिप्लोमा हासिल करने आए हैं!' " और इसी तरह की बातें। एक तूफ़ानी वाद-विवाद के परिणामस्वरूप अधिकांश छात्रों ने हड़ताल के लिए मतदान किया। एक हड़ताल समिति का गठन किया गया, जिसमें मेरे और स्मिर्नोवा के अलावा उत्कृष्ट वक्ता पेस्कोवा और लाव्रोवा भी शामिल थे। हड़ताल शुरू हुई और हम हड़ताल पर तब तक रहे जब तक कि सारे उच्च शिक्षण संस्थान हड़ताल पर रहे। वह वसंत था। जब हड़ताल समाप्त हुई और हम परीक्षा देने के लिए तैयार हुए। लेकिन अचानक मई की एक सुबह जब मैं उठी ही थी मेरे दरवाज़े पर एक पुलिस वाला एक आदेश लेकर आया: चौबीस घंटे के अंदर पीटर्सबर्ग छोड़ दो और एक साल के लिए घर जाओ। मैं चकित थी, मेरे मेडिकल प्रशिक्षण की राह में एक और बाधा![23]

एना बैक सामाजिक गतिविधियों में आजीवन लगी रही। शिक्षा में ख़राब प्रदर्शन करने वाले छात्रों के साथ उसने काम किए, लेख लिखे और अपने पसंदीदा क्षेत्र, मन:जगत का अध्ययन बच्चों के संदर्भ में किया, वयस्क शिक्षा

---

23. देखें, पेज-58-60, द *लाइफ़ ऑफ़ अ रशियन वुमन डॉक्टर, अ साइबेरियन मेमॉयर* (1869-1954), अनुवाद और सम्पादन-एन्न डी. रासवीलर, प्राक्कथन-एडिल. एम. लिंडनमायर, इंडियाना यूनिवर्सिटी प्रेस, 2004 (इस अंश का अनुवाद—सुजाता)

केंद्र शुरू किया। एक मानसिक अस्पताल की डायरेक्टर हुई। बाल एवं मातृत्व विभागों में डायरेक्टर रही। पेडोलॉजी, मृदा विज्ञान विभाग की मुखिया रही। अपने राजनीतिक विचारों के लिए उसे एक बार प्रोफ़ेसरशिप छोड़नी पड़ी और 1936 में जब कम्युनिस्ट पार्टी ने पेडोलॉजी को विज्ञान की श्रेणी से बाहर कर दिया तो इसे मानने से इनकार करने की वजह से मनोविज्ञान विभाग से उसे निकाल दिया गया। 1948 में संस्मरण लिखने शुरू किए और चौरासी की उम्र में, 1954 में उसकी मृत्यु हुई।

मताधिकार का सवाल

11 दिसम्बर 1905 को रूस में पुरुषों को मताधिकार मिला, लेकिन स्त्रियों को नहीं। निरंकुश ज़ार जनता के हर विरोध को कुचलने की नीति अपनाता था। उस ख़ूनी रविवार (Bloody Sunday, 22 January,1905) को भी उसने विंटर पैलेस के सामने जुटी हज़ारों की असंतुष्ट भीड़ जिसमें आम लोग, किसान और श्रमिक महिलाएँ, बच्चे और पुरुष थे, पर क्रूरता से गोलियाँ चलवाईं। राजनीतिक रूप से इस क्रूर और मूर्ख हरकत ने ज़ार को मजबूर कर दिया कि एक जन प्रतिनिधित्व वाली संसद का गठन करे। विरोध के चलते ज़ार ने एक संसदीय व्यवस्था के लिए हामी भर दी और पहली बार 1906 में बनी The Duma, बिना किसी स्त्री प्रतिनिधि के। बोल्शेविक पार्टी की सदस्य स्त्रीवादी एलेक्ज़ेंड्रा कोलोंताई, जो सोवियत सरकार में पहली महिला पदाधिकारी बनी, वह ख़ूनी रविवार की साक्षी रही थी। 1905 तक महिलाओं के संगठन बन चुके थे और जॉन स्टुअर्ट मिल की किताब *द सब्जेक्शन ऑफ़ विमेन* का भी स्त्रीवादियों के बीच असर था। एक स्त्रीवादी पत्रिका *ज़ेंस्केई वेस्त्निक* (Women's Herald) में लिखा गया—

> पिछले साल के अंत ने न केवल महिलाओं के लिए बराबरी की उम्मीदों को नष्ट कर दिया बल्कि उनके सामने एक हैरतनाक सवाल भी रखा कि वे आबादी का हिस्सा हैं भी या नहीं?[24]

यह वही समय है जब अमरीका और इंग्लैड में मताधिकार की आवाज़ ज़ोर पकड़ रही थी और महिलाओं की नागरिकता का सवाल दुनिया की सरकारों के सामने खड़ा

---

24. देखें, पेज-3, *रशियन सफ्रेजिस्ट एंड इंटर्नेशनल सफ्रेजिस्ट ऑर्गनाइज़ेशंस: सॉलिडैरिटी,* डिसिप्लिन, विक्टरी, मारिया वर्नाड्स्काया

था अपने प्रखरतम रूप में। यह स्त्रीवाद की पहली लहर थी जिसने सीमाओं के पार सभी औरतों को एक-दूसरे से न केवल प्रभावित किया बल्कि उन्होंने एक-दूसरे से सीखा और किया। स्टुअर्ट मिल का खड़ा किया सवाल रूसी स्त्रियों के सामने अब जाकर आ पाया कि वे अपनी नागरिकता पर विचार करें और औरत-मर्द की बराबरी के लिए संघर्ष करें। 1893 में शिकागो में विश्व मेले में रूसी स्त्रियों की शिक्षा और स्त्री लेखन पर एक प्रदर्शनी की गई। 1899 में IWC की लंदन कांग्रेस में एक डेलीगेशन ने भाग लिया और रूसी स्त्रीवादियों ने एक प्रस्तुति दी। आना फिलोसोफोवा को अनुपस्थिति में ऑनरेरी उपाध्यक्ष बनाया गया। अब एक रशियन विमेन काउंसिल बनाया जाना था जो अंतर्राष्ट्रीय महिला आंदोलनों से जुड़ सके। सिस्टरहुड की भावना रूसी स्त्रीवादियों के बीच प्रचलित हुई—

> वैश्विक बहनापे के विचार का रूसी स्त्रीवादियों ने स्वागत किया। उन्होंने इसे स्त्रियों की एकता घोषणा की तरह समझा। वे अक्सर 'बहनापा' शब्द और बहन सम्बोधन का इस्तेमाल करती थीं अपने भाषणों और लेखों में, अलग-अलग तरह से : 'पश्चिमी बहनें' 'स्लाविक बहनें' 'छोटी बहनें' और 'पतित बहनें' निश्चित रूप से बहनापा शब्द को ऐतिहासिक संदर्भ में ही समझना चाहिए। उस वक्त पर इसका मतलब था देश, वर्ग, राजनीति के विभेदों से ऊपर उठ जाना। उनके लिए वैश्विक स्त्रीवाद का मतलब था शिक्षित, मुख्यतः मध्यवर्गीय कामकाज़ी, विभिन्न देशों से, राष्ट्रीय और धार्मिक भेदों को अस्वीकार करने वाली महिलाओं का समुदाय। उन्होंने स्वयं को रूसी स्त्रीवादियों की तरह देखा जो रूसी स्त्रीवादी आंदोलन का हिस्सा थीं। लेकिन स्त्री आंदोलन के साथ ही वर्ग विभाजन को चुनौती देने की प्रक्रिया भी चल रही थी। बुर्जुआ वर्ग से स्त्री आंदोलन की रीढ़ तो तैयार हुई लेकिन वैश्विक बहनापे की प्रकृति ने उन्हें मजबूर किया कि किसान और श्रमिक औरतों जिन्हें वे छोटी बहनें कह रही थीं और वेश्याओं जिन्हें वे पतित बहनें कह रही थीं उनकी तरफ़ ध्यान दें। इस तरह के कमतर सिद्ध करते सम्बोधनों के बावजूद यह ध्यान देना चाहिए कि वे 'बहनें' शब्द का इस्तेमाल कर रही थीं। स्त्रीवाद के एकदम शुरुआती दौर से ही 'बड़ी बहनों' ने विभिन्न जागरण मंच, राजनीतिक क्लब गठित किए कामकाज़ी

> महिलाओं के लिए और हमेशा ही अपनी माँगों और याचिकाओं में निम्न वर्गीय महिलाओं के हितों का ध्यान रखा।[25]

17 मार्च 1917 को 40,000 महिलाओं ने मताधिकार की माँग के साथ एक विशाल मार्च किया। 'आज़ाद रूस में आज़ाद औरतें' एकदम जायज़ माँग थी। इस मार्च की सफलता यह थी कि 19 मार्च 1917 को महिलाओं को मताधिकार देने वाला रूस यूरोप का पहला बड़ा देश बन गया। लेकिन हैरानी की बात यह थी कि जहाँ अमरीका जैसे देश में 1848 से मताधिकार की माँग करती महिलाओं का आंदोलन अभी अंजाम तक नहीं पहुँचा था वहाँ रूस में 40,000 औरतों के इस एक मार्च से अंतरिम सरकार को यह विश्वास हो गया कि इस माँग को माना जाना चाहिए? असल में रूस में स्थितियाँ भिन्न थीं। रूसी क्रांति में बड़ी संख्या में महिलाओं की सहभागिता रही थी। इस मार्च का नेतृत्व करने वाली पोलिकसेना शिशिकिना ने याद दिलाया कि महिलाओं ने बड़े-बड़े जोखिम और कठिनाइयाँ उठाकर क्रांति में भाग लिया था। पहले से चले आते महिलाओं के विरोध ने भी फरवरी 1917 की क्रांति में योगदान दिया। वेरा फिग्नर जैसी मज़बूत स्त्री नेताओं की उपस्थिति और स्त्रियों की सक्रिय सहभागिता ने मजबूर किया कि उनकी नागरिकता पर सरकारी सहमति की मुहर लगाई जाए। रूसी क्रांति के मार्क्सवादी विचार के अनुसार भी स्त्री-पुरुष में कोई भेद नहीं है। सोवियत नेता समझ रहे थे कि अधिकारों के बिना स्त्रियाँ 'दास' होंगी। बस यह समझने के लिए उनकी अंत:प्रेरणा और सद्‌भावना जागने का इंतज़ार नहीं किया जा सकता था। स्त्रियों को ख़ुद एकजुट होकर आवाज़ उठानी थी। ग़ैर-बराबरी के ख़िलाफ़ पहला विरोध वहीं से आना चाहिए जहाँ उसका विपरीत असर पड़ता है।

मार्क्सवाद और स्त्रीवाद

रूस को स्त्री आंदोलनों के संदर्भ में पढ़ना इसलिए भी ज़रूरी है कि रूसी क्रांति की ज़मीन दुनिया को बदलने वाले दो मज़बूत विचारों, स्त्रीवाद और मार्क्सवाद, वहीं से तैयार होती है। परम्परागत रूप में स्त्रीवाद का विरोध करने वाले मार्क्सवादी स्त्रियों को घरों की चारदीवारी से बाहर निकाल कर उत्पादन प्रक्रिया में शामिल

---

25. देखें, पेज-7, *रशियन सफ्रेजिस्ट एंड इंटर्नेशनल सफ्रेजिस्ट ऑर्गनाइज़ेशंस: सॉलिडैरिटी,* डिसिप्लिन, विक्टरी, मारिया वर्नाड्स्काया

करने की बात कर तो रहे थे लेकिन बराबरी के लिए ज़रूरी था कि हर स्तर पर पितृसत्ता से जूझा जाता। उन्होंने मान लिया कि समाजवाद के आने के साथ सर्वहारा स्त्री की समस्याएँ भी अपने आप सुलझ जाएँगी। स्त्रियों ने भी बढ़-चढ़ कर हड़तालों और आंदोलनों में भाग लिया, शहीद हुईं, और सवाल किया कि बराबरी के समाज का स्वप्न सिर्फ़ आधी आबादी की आज़ादी कैसे हो सकता है? ऐसा कैसे हो सकता है कि राष्ट्र स्वतंत्र हो और उसमें औरतों की स्वतंत्रता ही न हो? उन्हें वोट देने का ही अधिकार न हो? सर्वहारा के भीतर भी वे स्त्री सर्वहारा हैं जिनकी कुछ अलग़ ज़रूरतें हैं। जर्मन सोशलिस्ट डेमोक्रैट्स ने इसे समझा और अपने एजेंडे में ऐसे वोट, मातृत्व अवकाश जैसे मुद्दों को शामिल किया। क्लारा ज़ेटकिन ने महिलाओं के सहायक विंग का नेतृत्व किया। यह भी समझना ज़रूरी है कि—

> रूसी अधिकारियों ने कारखानों में महिलाओं के कारखाने में बढ़ते हुए श्रम पर ध्यान दिया क्योंकि एक तो यह पुरुष श्रम की कीमत पर था। दूसरा, स्त्रीवाद अपने विकास में ऐसा आंदोलन बना जिसने महिला-श्रमिकों के मुद्दों को हाशिए पर रखा लेकिन उसे लगातार स्त्रीवाद के छत्र के नीचे बनाए रखा। तीसरा, ज़ार विरोधी मार्क्सवादी विपक्षी ऐसी विचारधारा से लैस थे जो पूँजीवाद के शोषण के शिकार वर्ग में स्त्री को शामिल मानते थे और इसलिए स्त्री-श्रमिक उनके लिए महत्त्वपूर्ण सहयोगी माना और छिट-पुट ही सही संघर्ष में खींचने का प्रयास किया।[26]

महिला अधिकारों का समर्थन करने के बावजूद मार्क्सवादियों की नज़र में स्त्रीवाद एक बुर्जुआ अवधारणा थी और इसका समर्थन करने में वे हिचकिचाते रहे। श्रमिक महिलाओं ने भी जिस तरह सोशलिस्ट पार्टियों को सहयोग दिया इस तरह का सहयोग स्त्रीवाद को नहीं दिया। नतीजा यह हुआ कि जब स्त्री कामगारों ने अपनी समस्याएँ बताना शुरू किया तो उन्हें नज़रअंदाज़ किया गया।

1918 में बोल्शेविकों ने एक फ़ैमिली ओड प्रकाशित किया, शादी को चर्च के हाथों से छीन लिया गया और यह अधिकार दिया गया कि दोनों साथियों में

---

26. देखें, पेज-82, 83, *विमेन इन रशिया,* संस-डोरोथी एट्किंसन, एलेक्ज़ेंडर डेलिन और गेल वॉरशॉफ्स्की लैपिडस, स्टैनफोर्ड यूनिवर्सिटी प्रेस, कैलिफ़ोर्निया, 1977

से किसी का भी सरनेम अपनाया जा सकता है। तलाक को आसान बनाया गया। 1920 में गर्भपात को कानूनी बनाया गया अगर वह एक डॉक्टर के हाथों किया जा रहा है। अवैध संतानों को भी वही अधिकार दिए गए जो वैध संतान को थे। बहुत से कदम सोवियत सरकार ने वापस भी लिए जब यह समझ आया कि वे जितने प्रगतिशील दिखते हैं उसके मुकाबले में बहुत हद तक असंवेदनशील भी होते हैं। यह एक सकारात्मक चीज़ थी।

लेकिन लम्बे अर्से तक स्त्रीवाद और मार्क्सवाद की नोकझोंक के बाद भी यह तय था कि जितना अकादमिक, संगठनात्मक, प्रगतिशील वातावरण स्त्रीवाद के विकसित होने के लिए मार्क्सवाद ने उपलब्ध कराया शायद किसी और धारा ने नहीं। आख़िर, एक स्त्रीवादी जो समाजवादी नहीं है उसके पास रणनीति का अभाव होता है और जो समाजवादी स्त्रीवादी नहीं है उसके पास विस्तार का अभाव है।

वे पैर चलने के लिए थे उन्हें बाँधना गुनाह था

(पितृसत्तात्मक प्रतिबंधों की एक केस स्टडी : चीन)

किसी देश के इतिहास में स्त्रियों का इतिहास कभी मुख्यधारा में नहीं दिखाई देता। आधुनिक राष्ट्रों के इतिहास की तो यह ख़ासियत ही है कि वहाँ अक्सर स्त्री-मुक्ति के स्वर राष्ट्रीय आंदोलनों और राष्ट्रवाद में घुल-मिल गए, या घुला-मिला लिए गए। उन्हें सुनने के लिए अक्सर गहराई में जाना पड़ता है, दरारों से प्रविष्ट होना पड़ता है। चीन जैसे बड़े राष्ट्र में स्त्रियों के पैरों को बाँधने की परम्परा अपने आप में कोई अकेली परम्परा नहीं है जो स्त्रियों की देह पर पितृसत्तात्मक क्रूरता की प्रमाण है। कॉर्सेट में देह को बाँधने की यूरोपीय, अंग्रेज़ी प्रथा भी ऐसी ही भयावह है, लेकिन चीन के उदाहरण से स्त्री की यौनिकता ही नहीं उसके सहज चलने-फिरने को भी प्रतिबंधित कर देने की पितृसत्ता की क्रूर साज़िश को समझा जा सकता है।

उन लड़कियों की शादी नहीं होगी जिनके पैर बँधे नहीं होंगे

कोई एक कुप्रथा एकांतिक ढंग से नहीं समझी जा सकती, बल्कि वह सम्पूर्ण सामाजिक संरचना में निहित असमानताओं का लक्षण होती है। शताब्दियों तक चलती रही इस दर्दनाक प्रथा में बच्चियों के पैरों को बचपन में ही कसकर कपड़े से ऐसे बाँधा जाता था कि उसका आकार और आकृति नियंत्रित की जा सके। माना जाता था कि यह स्त्रैण सुंदरता को बढ़ाता है और प्रतिष्ठा का सूचक है।

ऐसा कहा जाता है कि दसवीं शताब्दी का एक राजा अपने दरबार की एक नर्तकी के छोटे पैरों को देखकर मुग्ध हो गया था। इसने स्त्रियों का चलना-फिरना मुश्किल बना दिया था। वे घरों के बाहर नहीं निकल पाती थीं। लेकिन इसका यह बिलकुल अर्थ नहीं कि वे इतिहास में और जीवन में महज़ यौनोपयोगी वस्तु की तरह थीं और ठस्स थीं। कुछ विद्वान मानते हैं कि पैरों को बाँधे जाने का

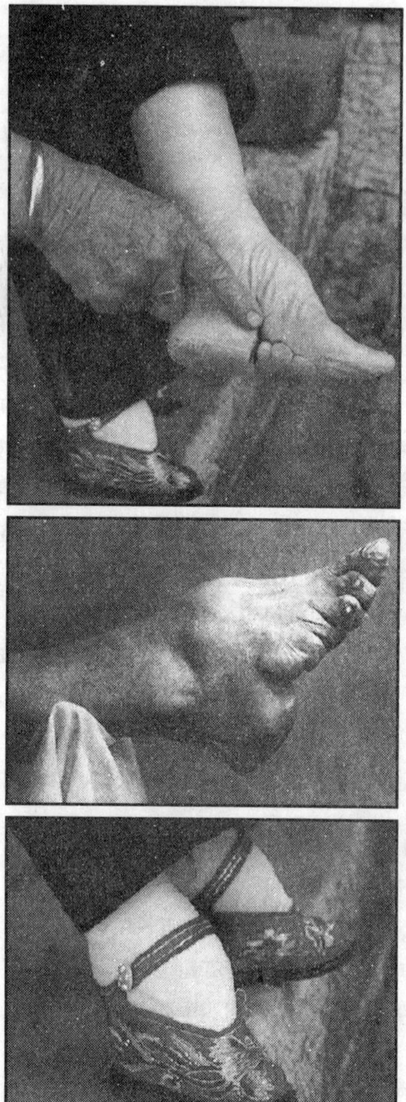

फुटबाइंडिंग की वजह से विकृत हुए पैरों की कुछ तस्वीरें (इंटरनेट से साभार)

अर्थव्यवस्था से नज़दीकी रिश्ता था। जब नए उद्योगों और फ़ैक्टरियों में सस्ते कपड़े का उत्पादन बड़े स्तर पर शुरू हुआ तब इन स्त्रियों के काम में कमी आई। ये स्त्रियाँ बैठे-बैठे ऊन, कपड़ा, जूते, चटाई जैसी चीज़ें बनाया करती थीं।

प्रतिरोध की शुरुआत

लिआंग क्विचाओ (1873-1929) चीनी राजनीतिक और सामाजिक कार्यकर्ता था। राष्ट्रवादी था और उसके लिए राजनीतिक सुधार सर्वोपरि थे जिसका रास्ता उसके लिए मोनार्की से होकर जाता था। उसने चीनी स्त्रियों की शिक्षा पर ज़ोर देते हुए कहा कि जो आराम की ज़िंदग़ी जीते हैं बिना शिक्षा के वे जानवर की तरह हैं। उसका मानना था कि शुरू से लेकर अब तक चीनी औरतें अशिक्षित रही हैं तो वे जानवरों से कम नहीं हैं। उसने स्वीकार किया कि हालाँकि अधिकांश पुरुष भी पढ़े-लिखे नहीं हैं लेकिन वे कम-से-कम अपनी स्थिति पर शर्मिंदा तो हैं। औरतें उदासीन हैं और शर्मिंदग़ी भी महसूस नहीं करतीं। यही चीन की कमज़ोरी का कारण है कि-हमारी सभी दो सौ मिलियन औरतें उपभोक्ता हैं, किसी एक ने भी कोई उत्पादन नहीं किया जिससे कोई मुनाफ़ा हो, कोई हैरानी नहीं कि पुरुष उन्हें कुत्ते, घोड़े या दास की तरह रखते हैं।[1]

मनोविश्लेषणवाद के प्रवर्तक सिग्मण्ड फ्रॉयड ने इसे अपने तरीके से व्याख्यायित किया। फ्रॉयड ने माना कि लड़कियों के पैर बाँधे जाना 'बधियाकरण' ही है।[2] कोई हैरानी नहीं कि स्त्रियों के आवागमन को नियंत्रित करने और यौनिकता पर पहरे रखने के लिए ऐसी प्रथाओं का जन्म हुआ हो। दुनिया भर में पितृसत्ताओं ने स्त्रियों को उनके स्पेस और टाइम के नियंत्रण से अनुकूलित करने की चेष्टा की और पितृसत्तात्मक अर्थव्यवस्था में योगदान देने के लिए प्रशिक्षित किया।

> दुनिया की अधिकतर संस्कृतियों की तरह ही, चीन की औरतें भी अपने निम्नतम सामाजिक स्तर की वजह से शोषण की शिकार हुई हैं। चीन में सबसे अधिक व्यवस्थागत, संस्थागत और गहरी धँसी हुई

---

1. देखें, पेज-21, *सिंडरेलाज़ सिस्टर्स: अ रिवीज़निस्ट हिस्ट्री ऑफ़ फुटबाइंडिंग,* डोरोथी के. ओ., यूनिवर्सिटी ऑफ़ कैलिफ़ोर्निया प्रेस, 2005
2. देखें, पेज-2, *सिंड्रेलाज़ सिस्टर्स: अ रिवीज़निस्ट हिस्ट्री ऑफ़ फुटबाइंडिंग,* डोरोथी के. ओ. यूनिवर्सिटी ऑफ़ कैलिफ़ोर्निया प्रेस, 2005

> लिंग-भेदी विचारधारा और प्रथाओं का उद्गम कंफ़्यूशियस (551-479 ई.पू.) के दर्शन *फ़िलियो पाएटी* (Filial Piety) में नि:सृत है। नैतिकता और पुण्यशीलता ही जीवन में सबसे महत्त्वपूर्ण है और फिलियो पाएटी की तीन प्रमुख शर्तें हैं—स्त्रियों को पुरुषों की आज्ञा का पालन करना चाहिए, प्रजा को राजा की आज्ञा का पालन करना चाहिए और छोटों को बड़ों की आज्ञा का पालन करना चाहिए। हज़ारों सालों तक इन तीन अनुबंधों ने चीन में पितृसत्तात्मक शासन को चलाने का काम किया है। अपमानजनक प्रथाएँ और व्यवहार जैसे स्त्रियों का क्रय-विक्रय, पत्नी-उत्पीड़न, कन्या-शिशु-हत्या अप्रचलित नहीं थीं। लेकिन लड़कियों के पैर बाँधना सम्भवत: इनमें से सबसे क्रूर थी, साथ ही दीर्घकाल तक रहने वाली और व्यापक थी जिसे मानव इतिहास में जाना गया।[3]

चीन में 1880 से 1930 तक का समय स्त्री-मुक्ति के लिहाज़ से, पुराने चीन से नए चीन की ओर जाने के लिहाज़ से एक महत्त्वपूर्ण समय है, परिवर्तन का समय है। हालाँकि पैरों को बाँधने की प्रथा को 1902 में क़ानूनी रूप से ख़त्म कर दिया गया था लेकिन इसके बाद भी पूरी तरह उसे ख़त्म होने में कई दशक लग गए। इसके खत्म होने में सबसे महत्त्वपूर्ण योगदान रहा उन सुधार आंदोलनों का जो उन्नीसवीं सदी के अंतिम दो दशकों में शुरू हुए। भारत की ही तरह स्त्रियों के शोषण से जुड़ी कुप्रथाओं के ख़िलाफ़ सुधार आंदोलन पहले पुरुषों ने शुरू किया। 1860 में ईसाइयत के प्रचार-प्रसार के लिए अपनी पत्नी सहित चीन के अमॉय (पहले Xiamen) उपप्रांत में पहुँचा मेक गोवान और पैर बाँधने की यह प्रथा देखकर चकित रह गया। मेक गोवान के लिए यह ईसाइयत के ख़िलाफ़ था क्योंकि यह प्रकृति के ख़िलाफ़ था। यहाँ तक कि फ़ुट बाइंडिंग के ख़िलाफ़ उसके धार्मिक विचार बेहद अमूर्त हो जाते हैं और वह लिखता है—

इसने (पैर बाँधने ने) सुघड़ता और समरूपता को पूरी तरह बर्बाद कर दिया है जो प्रकृति ने स्त्री को दी है। हम इसे भूल जाते हैं कि पैरों के भीतर समता का रहस्य है, जो उनके भीतर गति की कविता को समाहित करता है, और जो

3. देखें, पेज-30, *वुमंस मूवमेंट एंड चेंज ऑफ़ वुमंस स्टेटस इन चाइना*, युहुई ली, *जर्नल ऑफ़ इंटरनेशनल वुमंस स्टडीज़*, वॉल्यूम—1, नम्बर-1, 2000

उनके आकर्षण में इतना इज़ाफ़ा करता है कि एक दैवीय अधिकार से महिला स्वाभाविक रूप से उसके पास लगती है।[4]

Jie Chanzu Hui (पैर बाँधना त्यागो)

कुछ घरों में इसे रोकने के लिए उसने कोशिशें कीं जो असफल रहीं। 1875 में उसने प्रांत की ईसाई महिलाओं को बुलाया और इस विरोध के फलस्वरूप शहर में काफ़ी हड़कम्प मचा, हल्ला हुआ, दंगे हुए लेकिन अंतत: 60-70 महिलाओं ने सहमति पत्र पर हस्ताक्षर किए और प्रतिज्ञा की कि वे अपनी बेटियों के पैरों को नहीं बाँधेंगी। इस तरह Jie Chanzu Hui (पैर बाँधना त्यागो/Quit foot-binding society) सुधार संस्था की नींव पड़ी। लेकिन यह प्रयास स्थानीय ही होकर रह गया इसका असर बाहर नहीं जा पाया।

1887 में एक यात्री एलिशिया लिटल (1845-1926) जो एक उपन्यासकार भी थी, अपने पति के साथ चीन पहुँची। शुरुआत में वह पैर बाँधने की प्रथा के बारे में कुछ नहीं कर रही थी। अपने पति के साथ मिलकर वह एक जर्नल निकालती थी उसमें भी कभी इस प्रथा का ज़िक्र नहीं आया। जब उसने मेक गोवान को एक बार भाषण के लिए आमंत्रित किया तब वह इस आंदोलन से प्रभावित हुई। अप्रैल, 1895 में उसने स्वर्गिक पैर Natural feet या Heavenly feet (Tianzu Hui) नाम की सोसायटी शुरू की। लेकिन मेक गोवान के विपरीत उसने इस काम को धर्म निरपेक्ष रखना ही तय किया। स्त्री-शिक्षा के महत्त्व पर भी ज़ोर दिया जाने लगा।

लेकिन जल्द ही ये सब प्रयास राष्ट्रवाद के सुर में जा मिले। यह एहसास गहराने लगा कि चीन विकास, प्रौद्योगिकी और साम्राज्यवाद की दौड़ में अपने अगल-बगल के देशों से पिछड़ रहा है। दूसरे अफ़ीम-युद्ध में हार के बाद और 1895 में सिनो-जापान युद्ध के बाद पिछड़ेपन का यह बोध और गहरा हो गया और चीन जागरण के राष्ट्रवादी प्रयासों की शुरुआत हुई।

औरतें आधा आकाश हैं

चीन की राजशाही लम्बे समय तक इस आधारभूत सिद्धांत पर चली कि पुरुष

---

4. देखें, पेज-15, *सिंडरेलाज़ सिस्टर्स: अ रिवीज़निस्ट हिस्ट्री ऑफ़ फ़ुटबाइंडिंग,* डोरोथी के. ओ. यूनिवर्सिटी ऑफ़ कैलिफ़ोर्निया प्रेस, 2005

बाहरी क्षेत्र पर शासन करते हैं (wai) और महिलाएँ आंतरिक क्षेत्र पर (nei)।[5] 1949 की क्रांति के बाद वे नाटकीय बदलाव हुए जिन्होंने हज़ारों चीनी महिलाओं और पुरुषों की ज़िन्दगियों को प्रभावित किया। गणराज्य की नई सरकार ने दृढ़ता से स्त्री-पुरुष बराबरी के लिए प्रतिबद्धता जताई। माओत्से तुंग का वह प्रसिद्ध कथन-औरतें आधा आकाश हैं (women hold up half the sky) यह दर्शाता था कि सरकार स्त्रियों के उत्थान के लिए दृढ़ प्रतिज्ञ है। चीनी गणतंत्र जो 1949 में पहली बार स्थापित हुआ उसका आधारभूत क़ानून कहता है—चीन के लोगों का गणतंत्र सामंती व्यवस्था का उन्मूलन करेगा जिसने स्त्रियों को ग़ुलाम बनाया है। स्त्रियों को राजनीतिक, आर्थिक, सांस्कृतिक, शैक्षणिक और सामाजिक जीवन में पुरुषों के बराबर अधिकार मिलने चाहिए। स्त्रियों और पुरुषों के लिए वैवाहिक स्वतंत्रता लागू की जाएगी (अनुच्छेद-6)।[6]

लिआंग क्विचाओ और मेक गोवान के विचारों को देखते हुए समझा जा सकता है कि आधुनिकता और स्त्री-उत्थान सम्बन्धी विचारों के आगमन के लिए देसी सुधारक या विदेशी प्रभाव को महत्त्व दिया जाए यह एक टकराव का प्रश्न ही रहा होगा। लेकिन इतना तय है कि स्वर्गिक पैर एक महत्त्वपूर्ण आंदोलन था जहाँ से चीन में स्त्री-मुक्ति का इतिहास शुरू होता है। यह ठीक कुछ वैसा ही टकराव है जो भारत में ईसाई मिशनरियों और पश्चिमी शिक्षा के आने के साथ और भारतीय समाज सुधारकों की पीढ़ी के आने के बाद देखने को मिलता है। ये पश्चिमी औरतें हमारी औरतों को खराब करके उनका भोलापन और उनके संस्कार छीनकर पुरुषों जैसा बना देंगी यह चिंता उन सभी की चिंता थी जो स्त्री-शिक्षा के तो हिमायती थे लेकिन चाहते थे कि स्त्री बस उतनी शिक्षित हो जिससे कि वह एक अच्छी गृहिणी और माँ बन सके। एक डर चीन के शिक्षित पुरुषों का भी था कि हमारे छोटे पैरों वाली सुंदर नारियों को पश्चिमी समाज की औरतें पुरुषों जैसा बनाकर उनकी सुकुमारता छीन लेंगी। लिआंग क्विचाओ भी चाइनीज़ गर्ल्स स्कूल का मास्टरमाइंड था, उसने एक किताब *ऑन वुमेंस एजुकेशन* भी लिखी।

चीन की वैश्विक छवि की दृष्टि से पैर बाँधने की प्रथा को प्रतिबंधित किया जाना, Tianzu आंदोलन एक राष्ट्रीय आपात स्थिति बन गई। सुधारक कैंग यूवेई ने भावुक पत्र लिखकर सम्राट से आग्रह किया कि इस प्रथा को प्रतिबंधित किया

---

5. देखें, पेज-3, *विमेन एंड चाइनाज़ रेवोल्यूशंज़*, गेल हर्शैटर, रोमैन एंड लिटलफ़ील्ड, 2019
6. देखें, पेज-31, *वुमंस मूवमेंट एंड चेंज ऑफ़ वुमंस स्टेटस इन चाइना*, युहुई ली, *जर्नल ऑफ़ इंटरनेशनल वुमंस स्टडीज़*, ब्रिजवॉटर स्टेट यूनिवर्सिटी, वॉल्यूम—1, नम्बर-1, 2000

जाए। *चाइनीज़ गर्ल्स प्रोग्रेस* नाम के एक जर्नल के मुख्य सम्पादक श्वै शाओहुई (Xue Shaohui) को इस प्रथा से पीड़ित एक महिला मैडम शेन का पत्र मिला। श्वै भी चाइनीज़ गर्ल्स स्कूल की एक संस्थापक थीं और बदले में उन्होंने चिट्ठी लिखते हुए पश्चिम में कमर पतली रखने के लिए भूखों मरने के दीवानेपन पर तंज़ किया।[7]

एक खोई हुई वस्तु की शानदार पुनर्प्राप्ति (Gloriously recovering a lost object)

सुधारक अध्यापकों के प्रभाव में आकर, जर्मिनेटिंग़ एंलाइटनमेंट स्कूल की एक छात्रा, जिसने एक साल ही पढ़ाई की, अपने पैरों को खोलती है और मुक्ति की एक नई दुनिया उसके सामने खुल जाती है। बर्बर माता-पिता और एक प्यारे भाई की बहन काई अपनी मुक्ति से आह्लादित होती है, अपनी देह के उस हिस्से को फिर पा लेने के बाद ख़ुद को पा लेने का एहसास होता है। निश्चित ही राष्ट्रवादी पुरुष सुधारक इसे देखते होंगे खोई हुई भूमि, इलाक़े या ज़मीन की तरह, कोलम्बस ने देखा होगा दूर से धरती को। काई के भाई ने यह गीत लिखा था—[8]

अपने पैरों को बाहर आने देने की यह ख़ुशी! क्या ख़ुशी है !
मेरा यह गीत पैरों की मुक्ति का गान सुनो न!
रुई के फाहे अँगुलियों के बीच रखो
धीरे-धीरे समतल धरती पर चलो।
पानी और सिरके से पाँव धोवो,
बाँधने का वह लम्बा कपड़ा मत करो इस्तेमाल
हर सातवें दिन उसे काटो एक फुट करो छोटा,
एक महीना रखो ख़ूब ध्यान।
बिना बाँधे पाँव सोने जाओ
ताकि रक्त का हो सके संचार।
एक बार तुम्हारे पैर बाहर आ गए

---

7. देखें, पेज-38, *सिंडरेलाज़ सिस्टर्स: अ रिवीज़निस्ट हिस्ट्री ऑफ़ फ़ुटबाइंडिंग,* डोरोथी के. ओ., यूनिवर्सिटी ऑफ़ कैलिफ़ोर्निया प्रेस, 2005
8. देखें, पेज-47, *सिंडरेलाज़ सिस्टर्स: अ रिवीज़निस्ट हिस्ट्री ऑफ़ फ़ुटबाइंडिंग,* डोरोथी के. ओ., यूनिवर्सिटी ऑफ़ कैलिफ़ोर्निया प्रेस, 2005

तो उन परेशानियों से मत घबराना जो दूसरे तुम्हारे लिए खड़ी करेंगे।
अपने पैरों को बाहर आने देने की यह ख़ुशी! क्या ख़ुशी है!
चलो, सब गाएँ पैरों की मुक्ति का यह गीत!

1958 में ग्रेट लीप फ़ॉरवर्ड मूवमेंट के शुरू होने पर औरतों को प्रोत्साहित किया गया कि वे कार्य-बल में शामिल हो जाएँ यानी वे तमाम जगहें भरें जो मर्दों ने ख़ाली की हैं, खेतों में या उन उद्योगों में जहाँ मर्द काम करते आए हैं। हालाँकि यह आंदोलन सफल नहीं हुआ लेकिन इसका इतना फ़ायदा ज़रूर हुआ कि स्त्रियाँ वर्क फ़ोर्स में बहुतायत में आईं। लेकिन तमाम प्रगति के बावजूद लिंग-भेद कम नहीं हुआ है। 1982 और फिर 1988 में विश्वविद्यालय किंग्वा यूनिवर्सिटी (Qinghua/ Tsinghua University)में लड़कियों का प्रतिशत सिर्फ़ 16.6% था और बीजिंग विश्वविद्यालय में 20%, दोनों ही चीन के सबसे प्रतिष्ठित संस्थान।[9]

क्रांति से अपने-आप नहीं खत्म होता भेदभाव

युहुई ली अपने शोध-पत्र के अंत में लिखती हैं—

> चीन की सरकार CCP चाइनीज़ कम्युनिस्ट पार्टी के निर्देशों के बिना कुछ नहीं करती और उनके एजेंडा की वजह से अक्सर स्त्री-मुद्दों और स्त्री के विकास का बलिदान देना पड़ता है। चीन में स्त्री-मुक्ति के रास्तों में इन दोनों ने कम अड़चनें नहीं बिछाई हैं और कभी-कभी तो पीछे की ओर धकेल दिया है। अगर हज़ारों साल का पुरुष प्रभुत्व और पितृसत्ता को ख़त्म नहीं किया जाएगा तो ज़रूरी नहीं कि समाजवादी व्यवस्था स्त्री-मुक्ति को सम्भव कर सकेगी।[10]

पैर-बाँधने पर प्रतिबंध लगाने के आंदोलन के साथ स्त्री-शिक्षा का आंदोलन पनपा और बहुत से मिशनरी स्कूल लड़कियों के लिए खुले। 1910 में चीन के आख़िरी राजवंश के ख़त्म होने के साथ एक अंतरिम सरकार बनाई गई जिसके अध्यक्ष डॉ. सुन यैट सेन स्त्री-शिक्षा के समर्थक थे और उन्होंने स्त्री अधिकारों

---

9. देखें, पेज-37, *वुमंस मूवमेंट एंड चेंज ऑफ़ वुमंस स्टेटस इन चाइना*, युहुई ली, *जर्नल ऑफ़ इंटरनेशनल वुमंस स्टडीज़*, ब्रिजवॉटर स्टेट यूनिवर्सिटी, वॉल्यूम—1, नम्बर-1, 2000
10. देखें, पेज-39, *वुमंस मूवमेंट एंड चेंज ऑफ़ वुमंस स्टेटस इन चाइना*, युहुई ली, *जर्नल ऑफ़ इंटरनेशनल वुमंस स्टडीज़*, ब्रिजवॉटर स्टेट यूनिवर्सिटी, वॉल्यूम—1, नम्बर-1,2000

के साथ-साथ मताधिकार के मुद्दे के साथ भी सहानुभूति दिखाई, भले ही वह कुछ कर नहीं सके। स्त्री-मताधिकार आंदोलन का भी असर चीन तक पहुँच चुका था। विश्वविद्यालय के छात्र आंदोलनों ने स्त्री-आंदोलन को भी मज़बूत किया। छात्र आंदोलन की भी स्त्री आंदोलन से सहानुभूति थी। पीकिंग यूनिवर्सिटी के लॉ स्कूल और पीकिंग गर्ल्स हाई स्कूल ने 1922 की गर्मियों में वुमन सफ़रेज एसोसिएशन और वुमन राइट्स लीग के उद्देश्यों को आगे बढ़ाया। ये उद्देश्य थे—

1. उन सभी कानूनों का ख़ात्मा जो सिर्फ़ मर्दों की रक्षा के लिए बनाए गए हैं।
2. उत्तराधिकार कानूनों में परिवर्तन ताकि स्त्रियाँ भी पारिवारिक सम्पत्ति प्राप्त कर सकें, यह उनके आर्थिक आधार के लिए ज़रूरी है।

स्त्री-अधिकार संगठन के उद्देश्य थे—

1. शिक्षा के अवसर
2. पुरुषों के समान संवैधानिक अधिकार
3. घरेलू सम्बन्धों में स्त्रियों की सुरक्षा
4. वेश्यावृत्ति, स्त्री-दासता, और पैर बाँधने पर प्रतिबंध[11]

संघर्ष लगातार चलता रहा है और पिछले कुछ दशकों में चीनी स्त्रियों ने सामाजिक क्षेत्र में बहुत कुछ नया नहीं हासिल किया है लेकिन बहुत सी योजनाएँ पूर्ण हुई हैं। आर्थिक रूप से वे अपनी अमरीकी बहनों के समकक्ष ही ठहरती हैं और तमाम तरह के व्यवसायों में संलग्न हैं।

और अंत में एक मज़ेदार खत

(उत्तरी चीन में, कलगन से एक ईसाई मिशनरी स्कूल की अमरीकी अध्यापिका के ख़त का एक हिस्सा एलिशिया लिटल[12] के नाम)

> एंटी-फुट-बाइंडिंग आंदोलन मेरे लिए बहुत कुछ शादी की जोड़ियाँ बनाने जैसा हो गया है। मैंने शायद उस लड़की के बारे में लिखा

---

11. देखें, पेज-248, *डॉक्यूमेंटिंग फ़र्स्ट वेव फ़ेमिनिज़्म*, मॉरीन मॉयनाग और नैंसी फ़ोर्स्टेल, यूनिवर्सिटी ऑफ़ टोरोंटो प्रेस, 2012
12. ब्रिटिश लेखिका, यात्री जो चीन पहुँची उन्नीसवीं सदी के मध्य और पैर बाँधने के ख़िलाफ़ अभियान चलाया।

था जो चार दिन की दूरी तय करके यहाँ स्कूल में आई थी और जिसने अपने पैर खोल दिए थे क्योंकि मैं उसके पसंद किए युवक से शादी में मदद करने वाली थी, बस अगर वह युवक एक बड़े पैर वाली लड़की को लेने के लिए तैयार होता। सगाई के काग़ज़ तैयार नहीं किए गए थे क्योंकि उसका परिवार सगाई की राशि के रूप में उससे ज़्यादा पैसा माँग रहा था जितने मैं दे सकती थी। मैं लड़के को नहीं रोक रही थी वह जितना चाहे उतना पैसा दे सकता था उसके ऊपर जो मैं दे रही थी, यानी दो पाउंड 10 शिलिंग, चौदह साल की लड़की के लिए यह ठीक ही था। युवक के पास बिलकुल पैसे नहीं थे और बल्कि वह छोटे पैरों वाली पत्नी चाहता था। लेकिन उसके भाई ने उसे समझाया तो वह मान गया। उससे पैसे की अपेक्षा नहीं रखी जा सकती थी। वह लड़की उस युवक को बहुत पसंद करती थी और कहती थी अगर उसके पिता ने इसी युवक से शादी नहीं की तो वह घर जाकर कुएँ में कूद जाएगी। मुझे अभी पता लगा कि उसका पिता मर गया है। वह बहुत अफ़ीम लेता था और चाहता था उसकी बेटी का रिश्ता वहाँ हो जहाँ सबसे ज़्यादा पैसा मिले। जबकि उसके भाइयों ने कहा कि हमारी बहन ख़ुश रहनी चाहिए भले ही पैसा कम मिले। लगता है इस मृत्यु से सगाई का योग बन सकता है क्योंकि अब उन्हें क्रियाकर्म के लिए पैसे चाहिए होंगे। क्या तुमने ऐसे किसी चीनी के बारे में सुना है जिसके पास अंतिम संस्कार के लिए हाथ में पर्याप्त पैसा हो?[13]
हमारे स्कूल के एक लड़के ने अपनी माँ से कहा कि उसे अपनी दुल्हन के पैर बँधे हुए नहीं चाहिए। उसकी माँ एक आठ साल की लड़की से उसकी सगाई कर चुकी है। तब वह लड़की भी हमारे

---

13. चीन के स्त्री–पुरुषों में अफ़ीम की भयानक लत के बारे में विस्तार से गेल हर्शैटर ने बताया है। पुरुष घर का सामान तक बेच–बाच आते थे। एक पुरुष को उसकी पत्नी ने तब छोड़ा जब वह उसके चाँदी के क्लिप भी बेच आया जब वह गर्भवती थी और पहले से दो बच्चे उसके पास थे। – देखें, पेज–29, *विमेन एंड चाइनाज़ रेवोल्यूशंज़*, गेल हर्शैटर, रोमैन एंड लिटलफ़ील्ड, 2019

स्कूल में प्रवेश ले सकती है।

कल मैं स्कूल की लड़कियों को घुमाने के लिए ले गई। हम एक सुंदर रूसी चर्च और उसके आँगन में गए जो ख़ूब सारे पेड़ों से सजा था, फूलों की सेज थी और बेल टॉवर में चाइम्स। फिर हम शहर में एक मंदिर में गए। वहाँ एक पुरोहित ने कहा- तुम्हारी लड़कियाँ अपने पैर क्यों नहीं बाँधतीं? मैंने कहा- आप अपने पैर क्यों नहीं बाँधते?, मैं एक मर्द हूँ! मैंने बात आगे नहीं बढ़ाई क्योंकि वहाँ लड़कियों को ताकने के लिए भीड़ जुटने लगी थी।[14]

स्त्री संघर्षों की राह कभी सीधी नहीं होती। अगर शोक कथाओं से आख्यान हैं तो लोक कथाओं से चमत्कार भी हैं यहाँ।

14. देखें, पेज-148, *इंटिमेट चाइना*, एलिशिया लिटल, हचिंसन एंड कम्पनी, फ़िलाडेल्फ़िया, 1899 (इस अंश का अनुवाद—सुजाता)

आमरा कारा? बस्तुहारा![1] : पाकिस्तान में औरतों का संघर्ष

पहले ब्रिटिश भारत, फिर पूर्वी पाकिस्तान, और फिर बांग्लादेश की स्त्रियों के लिए भी स्थितियों में हलचल होना तब शुरू हुआ जब बंगाल में समाज सुधारों का दौर शुरू हुआ। कुलीन, पढ़ी-लिखी महिलाओं ने सामुदायिक कल्याण के कार्यक्रमों में भाग लेना शुरू किया स्त्री-शिक्षा, सती और बाल-विवाह जैसी प्रथाओं पर पत्रिकाओं में लिखा। अखिल भारतीय महिला कॉन्फ्रेंस (AIWC) ने वहाँ काम किया ही मोहिला परिषद (बाद में बांग्लादेश मोहिला परिषद) का भी गठन हुआ। स्त्री-शिक्षा और समाज सुधार के स्वर राष्ट्रवादी स्वरों में मिल गए। सन् 30 से 40 के बीच महिलाओं ने एक मुस्लिम राष्ट्र के लिए सुर में सुर मिलाना शुरू किया। लेकिन दिक्कत वही है कि जब तक धार्मिक, राजनीतिक, आर्थिक, क़ानूनी और मुख्यतया पारिवारिक संरचनाओं में बदलाव की कोशिशों, आंदोलनों से स्त्री की स्थिति में बहुत बदलाव नहीं आता। यह भारत, पाकिस्तान और बांग्लादेश तीनों के लिए एक-सा है। यूँ बांग्लादेश और पाकिस्तान में कुछ अलग राष्ट्र, स्त्री-उत्थान और धार्मिक आधार को मिला देना एक अलग स्थिति रच रहा था। धार्मिक आधार पर एक राष्ट्र की स्थापना के उद्देश्य में स्त्री के लिए हज़ार समस्याएँ छिपी होती हैं। ईरान गवाह है कि धार्मिक आंदोलन समाज को विशेष रूप से स्त्री के सम्बन्ध में प्रतिगामी बनाते हैं। ऐसे में विज्ञान, प्रौद्योगिकी, औद्योगीकरण और आधुनिकता के साथ निर्मित होने वाली नई संरचनाओं में भी स्त्री के लिए वही मातहत स्थिति तय होती है या कोई स्थिति नहीं रह जाती। पाकिस्तानी लेखिका ज़ाहिदा हिना अपनी किताब *पाकिस्तानी स्त्री : यातना*

1. (हम कौन हैं? शरणार्थी, जो अपना घर-बार सब गँवा चुके हैं) देखें, पेज-69, *नो वुमंस लैंड,* सं.-ऋतु मेनन, काली फ़ॉर वुमन, 2004

और संघर्ष के एक अध्याय में इसी विरोधाभास और विडम्बना पर तीखेपन से लिखती हैं—

पाकिस्तान की माँग के साथ पाकिस्तानी औरत वजूद में आ गई थी

ज़ाहिदा हिना

> औरतों को आंदोलित करने और तहरीके पाकिस्तान में शामिल करने के मकसद से जिन्ना साहेब ने 1942 से उन्हें ख़ास तौर से सम्बोधित करना शुरू कर दिया था। औरतों की एक सब कमेटी भी बनाई गई थी, जिसका उद्देश्य उनकी सामाजिक, आर्थिक और सांस्कृतिक बेहतरी के लिए सुझाव देना था। 26 अप्रैल, 1943 को दिल्ली में मुस्लिम लीग के वार्षिक अधिवेशन में लियाकत अली खाँ ने प्रस्ताव प्रस्तुत किया था जिसे सर्वसम्मति से स्वीकार कर लिया गया था। इस प्रस्ताव में यू पी, बिहार, पंजाब, बम्बई, मध्य प्रांत, आसाम, सिंध, बलूचिस्तान, दिल्ली, उत्तर पश्चिमी सीमा प्रांत और मद्रास से सम्बन्ध रखने वाली महिलाओं के नाम 'मुस्लिम लीग वीमेन कमिटी' में शामिल किए गए थे। पाकिस्तान आंदोलन के लिए औरतों की हिमायत कितनी महत्त्वपूर्ण थी और उस वक्त की केंद्रीय राजनीतिक धारा में शामिल होना मुस्लिम लीग के नेतृत्व के लिए कितना अहमियत रखता था इस बात का अंदाज़ा जिन्ना साहब की इस तकरीर से लगाया जा सकता है जो उन्होंने अलीगढ़ में की थी और जिसमें उन्होंने कहा था—
>
> यह इंसानियत के ख़िलाफ़ एक जुर्म है कि हमारी औरतें घर की चारदीवारी में कैदियों की सी ज़िंदगी गुज़ारें। हमारी औरतें जिन शर्मनाक हालात में ज़िंदगी गुज़ारने पर मजबूर हैं, उसका कोई औचित्य नहीं है। आप अपनी औरतों को ज़िंदगी के हर क्षेत्र में कामरेड की तरह साथ लेकर चलें।
>
> मुसलमान औरतें पाकिस्तान की हिमायत में किस हद तक आगे आ गईं इसका अंदाज़ा इस बात से कीजिए कि पेशावर, जहाँ आज इक्कीसवीं सदी में भी औरतें बुर्का या चादर में बाहर निकलती हैं,

वहाँ सैंकड़ों औरतों ने 1947 में बिना नकाब या हिजाब के जुलूस निकाला था। वो पठान औरतें ही थीं, जिन्होंने उन्हीं दिनों पाकिस्तान ब्राडकास्टिंग स्टेशन के नाम से एक ख़ुफिया रेडियो स्टेशन कायम किया था, जिसकी खोज अगस्त, 1947 तक नहीं की जा सकी थी। आज मुझे वो तमाम औरतें और उनकी बेगरज जद्दोज़हद याद आती है। मैं सोचती हूँ कि वो तमाम औरतें और लड़कियाँ जो उस वक्त हुसूले पाकिस्तान की सियासी लड़ाई में सक्रिय थीं, आज अगर वो ज़िंदा हैं, या वो जो ख़त्म हो चुकीं अगर चंद घंटों के लिए ज़िंदा हो जाएँ तो क्या उनके ज़ेहन में कई सवाल नहीं उठेंगे! क्या वो नहीं सोचती होंगी कि इसी पाकिस्तान के लिए उन्होंने सैंकड़ों साल की पुरानी परम्पराओं से विद्रोह किया था, जहाँ आज करोड़ों औरतें और लड़कियाँ ख़त्म न होने वाली आज़माइश में मुब्तिला हैं और हर आने वाला दिन उसमें इज़ाफ़ा कर रहा है। इसी संघर्ष के दौरान उन्होंने अपने लिए कोई हक़ न माँगा था और जान हथेली पर रखकर एक आज़ाद मुल्क़ के कयाम के संग्राम में कूद पड़ने के मकसद से सड़कों पर निकली थीं तो क्या उन्हें तहरीके पाकिस्तान (पाकिस्तान आंदोलन) के रहनुमाओं से, पाकिस्तान बनाने वालों से सवाल करने का कोई हक़ नहीं पहुँचता? क्या वो यह नहीं पूछ सकतीं कि उन्हें एक ऐसे पाकिस्तान के ख़्वाब क्यों दिखाए गए जहाँ औरतों को कामरेड होने का स्वप्न दिखाया गया था और जहाँ वो 'कारी' बना दी गईं? जहाँ उनसे वो अधिकार भी छीन लिए गए जो हिन्दुस्तान पर ज़ालिमाना तरीके से कब्ज़ा करने वाले अंग्रेज़ों ने उसे दिए थे।[2]

मणिकुंतला सेन[3] भारत-पाक विभाजन से जुड़े अपने संस्मरण में बताती

2. देखें, पेज-57, 58, *पाकिस्तानी स्त्री : यातना और संघर्ष*, ज़ाहिदा हिना, अनुवाद : शकील सिद्दिकी, वाणी प्रकाशन, 2014

3. 1910 में जन्मी मणिकुंतला सेन 1940-60 के सालों में बंगाल की राजनीति में एक प्रमुख व्यक्तित्व थीं। एक सवर्ण मध्यवर्गीय परिवार में जन्मी सेन ने छात्र राजनीति से राजनीति में कदम रखे और बाद में कम्युनिस्ट पार्टी में शामिल होकर विपक्षी दल की प्रमुख नेता बनीं।

हैं कि उस वक्त बंगाल, ढाका और आस-पास की स्थिति क्या थी, किस तरह अगस्त 1946 से अगस्त 1947 तक दंगों की आग में झुलसा बंगाल अंततः पूर्वी पाकिस्तान बना। हिंसा और दंगों के बीच अकेली ख़ुशी सिर्फ़ यह थी कि अंततः आज़ादी हासिल हो गई थी भले ही देश के टुकड़े हो गये थे लेकिन कम-से-कम ब्रिटिश वापस चले गए थे।[4]

पूर्वी और पश्चिमी बंगाल शरणार्थियों की भूमि बन गया था। बेघर और निर्धन होकर उखड़े हुए लोग बार-बार कच्चे घर बनाते थे, पुलिस उन्हें उखाड़ देती थी, वे फिर बनाते थे। जो थोड़ा पैसा पश्चिमी बंगाल ला पाए थे उनके लिए 'जान दे देंगे घर नहीं देंगे' का नारा सही साबित होता था। सरकारों के लिए अवांछित थे शरणार्थी, अंदाज़ा ही नहीं था कि इतनी बड़ी संख्या में बेघर, भूखी जनता को सँभालना पड़ेगा। खराब किस्म के चावल और गंदे कपड़ों के लिए शरणार्थी शिकायत भी क्या करते। उपाय यही था कि वे काम करने का अधिकार हासिल करते, कमाते और फिर काम के बदले में भोजन और कपड़ा माँगते। मणिकुंतला बताती हैं कि

> सबसे बड़ा बदलाव मैंने इस दौर में औरतों में देखा। अगर वे इस तरह से बेघर न हुई होतीं तो यह आत्म-विश्वास उनमें नहीं आता। वे ट्रेन में चढ़-उतर रही थीं, आजीविका के लिए भाग-दौड़ कर रही थीं। उनमें से कई सिर्फ़ अपनी नहीं अपने पूरे परिवार की ज़िम्मेदारी उठा रही थीं। पूर्वी बंगाल की ये औरतें, अध्यापिकाएँ थीं, नर्स थीं, क्लर्क थीं, और क्या-क्या नहीं थीं? वे बंगाल की कामकाज़ी औरतों का एक बड़ा हिस्सा थीं। यह सिर्फ़ एक उदाहरण है कि कैसे उन औरतों ने, जिन्होंने एक वक्त अपना सब कुछ गँवा दिया था, कैसे पश्चिमी बंगाल की औरतों की नौकरियों में आने में मदद की, जिसकी ज़रूरत अभी तक किसी ने महसूस नहीं की थी। अगर उनकी संख्या में इस तरह इज़ाफ़ा नहीं हुआ होता तो शायद लम्बे समय तक उन दरवाज़ों को खोल पाना सम्भव न होता जो अब तक स्त्रियों के लिए बंद थे।[5]

---

4. देखें, पेज-66, *नो वुमंस लैंड,* सं-ऋतु मेनन, काली फ़ॉर वुमन, 2004
5. देखें, पेज-72, *नो वुमंस लैंड,* सं-ऋतु मेनन, काली फ़ॉर वुमन, 2004

शरिया कानूनों की वजह से लैंगिक-भेद बांग्लादेश में बढ़ता गया। धार्मिक सज़ाएँ, फतवे जारी करना, मुस्लिम पितृसत्ता को राज्य का संरक्षण हासिल था क्योंकि ब्रिटिश समय में शरिया क़ानून को लागू किया गया और आगे चलकर पाकिस्तान के दूसरे राष्ट्रपति अयूब खान की तानाशाही ने भी बांग्लादेशी स्त्रियों के लिए मुश्किलें पैदा कीं। धार्मिक पाबंदियों और फतवों के ख़िलाफ़ आंदोलन तेज़ हुआ नूरजहाँ के मामले से। 1993 में एक युवती नूरजहाँ को कंधों तक ज़मीन में गाड़कर संगसार किया गया। पत्थर मार-मार कर उसकी जान ले ली गई। उसका क़सूर सिर्फ़ इतना था कि उसने अपने पहले विवाह की प्रताड़ना से तंग आकर उसे ख़त्म किया और दूसरी शादी कर ली। फतवा जारी किया गया कि उसकी यह दूसरी शादी वैध नहीं है, जबकि राज्य के क़ानून के हिसाब से यह जायज़ था।

बेग़म रुकैया सखावत हुसैन जैसी सुधारकों के मुस्लिम स्त्री शिक्षा के प्रयासों का ही नतीजा रहा कि बंगाल में, बल्कि दुनिया भर में, विश्वविद्यालयों के छात्र आंदोलनों ने कई महिला क्रांतिकारी दिए। असलम ख़्वाजा ऐसे कई नाम गिनाते हैं। सोफ़िया ख़ान ने ढाका विश्वविद्यालय में 1948 में प्रवेश लिया अंग्रेज़ी साहित्य पढ़ने के लिए और बाद में छात्र आंदोलन से जुड़कर लड़कियों को पढ़ने और बांग्ला बाज़ार के स्कूल जाने के लिए प्रेरित किया, आंदोलन में शामिल होकर कर्फ़्यू तोड़ा। 21 फरवरी, 1952 में जब उर्दू को पाकिस्तान की एकमात्र भाषा बनाने की घोषणा के ख़िलाफ़ आंदोलन हुआ तो डॉ. हमीदा ख़ातून को यह काम सौंपा गया कि अपने साथ बांग्ला बाज़ार गर्ल्स स्कूल से और ढाका विश्वविद्यालय से लड़कियों को लेकर आएँ और 144 तोड़ें। उस दिन लड़कियों के इस जत्थे ने आँसू गैस, लाठीचार्ज सब सहा लेकिन विरोध स्थल पर पहुँचीं।[6]

पूर्वी पाकिस्तान (बांग्लादेश) पर पश्चिमी पाकिस्तान से आदेश ऐसे आते थे जैसे कोई मालिक हुक्म देता है अपनी प्रजा को, दास को। पूर्वी पाकिस्तान के बंगाली मुसलमान के लिए बांग्ला मातृभाषा थी और इस अधिकार को वह छोड़ने के लिए तैयार न था। पूर्वी पाकिस्तान की महिलाओं के अपनी भाषा के

---

6. देखें, पेज-432-434, *पीपल्स मूवमेंट्स इन पाकिस्तान,* असलम ख़्वाजा, अनु.: नूर ज़हीर, द मार्जिनल पब्लिकेशन, 2017

लिए किए जाने वाले संघर्ष और यातनाएँ हमेशा याद रखी जानी चाहिए।[7] बंगाली मुस्लिम अशराफ़ को बांग्ला बोलने के लिए हतोत्साहित किया जाता था। रुकैया बेगम *लोकोनो रतन* (खोया हुआ रत्न) में अपनी बहन करीमुन्निसा की, जो खोया हुआ रत्न है, एक घटना बताती हैं जो एक बार अप्रतिष्ठित बांग्ला में एक पत्रिका पढ़ रही थी जो पिता के आते ही हाथों से छूट जाती है। डरी हुई बच्ची की अपेक्षा के विपरीत पिता उसके लिए बांग्ला पढ़ने का इंतज़ाम करते हैं। इस बात पर बड़े-बुज़ुर्ग आपत्ति करते हैं और हंगामा खड़ा हो जाता है। इसका नतीजा यह होता है कि बांग्ला छुड़वाकर करीमुन्निसा की शादी कर दी जाती है वह भी ऐसे इलाके में जो बेहद रूढ़िवादी था।

करीमुन्निसा और रुकैया का बांग्ला से जुड़ाव नहीं छंटता फिर भी। करीमुन्निसा कविताएँ लिखती हैं बाद में। बेगम रुकैया ने अपने पति की मृत्यु के बाद मुस्लिम लड़कियों के लिए स्कूल खोला। लेकिन लड़कियों को पढ़ाने का जिस तरह सम्भ्रांत मुस्लिम परिवारों में विरोध था उसके चलते रुकैया ने पर्दा को एक सख़्त नियम की तरह लागू किया अपने स्कूल में। इसके बावजूद उन्हें अपने समाज में विरोध का सामना करना पड़ा। स्कूल भी उन्होंने पति के नाम से, सखावत स्कूल, खोला और पढ़ाई का माध्यम उर्दू को ही रखा। कम-से-कम विरोध में वह ज़्यादा-से-ज़्यादा शिक्षा का काम करना चाहती थीं यह समझ आता है। जब लड़ाई हो पढ़ने की पाबंदियों से तो पढ़ाई को महत्त्व देना चाहिए। लड़कियाँ पढ़ेंगी तो आप लड़ेंगी।

नारायणगंज मॉर्गन गर्ल्स स्कूल की प्रिंसीपल मुमताज़ बेगम 1952 के आंदोलन में हुईं हत्याओं से आक्रोश में थीं। 29 फरवरी को उन्होंने महिलाओं का प्रदर्शन आयोजित किया। उन्हें तुरंत गिरफ़्तार कर लिया गया। हालाँकि वे तमाम

---

7. बंगाली लड़कियाँ छात्र आंदोलन में बढ़-चढ़कर भाग ले रही थीं। बांग्ला को राष्ट्रभाषा बनवाने के लिए बड़ी संख्या में औरतों और लड़कियों ने आंदोलन किया। गोलियाँ खाईं, लाठियाँ खाईं, यौनिक हिंसा झेली। ज़ाहिदा हिना किसानों के तिभागा आंदोलन में आगे-आगे रहने वाली लीला मित्रा का ज़िक्र करती हैं जिसकी देह का निचला हिस्सा भूखे चूहों से कुतरवा दिया गया और इतनी यातना दी गई कि अंततः वह निचले धड़ से शून्य हो गई। बावजूद इसके वह पीछे नहीं हटी और राजनीतिक संघर्ष में पाकिस्तानी महिलाओं के लिए प्रेरणा बनी। कुछ यही मामला मोतिया चौधरी का भी रहा। देखें, पेज-63, *पाकिस्तानी स्त्री: यातना और संघर्ष*, ज़ाहिदा हिना, अनुवाद : शकील सिद्दिकी, वाणी प्रकाशन, 2014

साधारण लोग जो अपनी बच्चियों की शिक्षा का खर्च तक नहीं उठा सकते थे, उन्होंने इस गिरफ़्तारी को रोकना चाहा। यहाँ तक कि उन्होंने पेड़ों को काटकर पुलिस वैन के लिए अवरोध पैदा करने के लिए सड़क पर बिछा दिया ताकि वैन मुमताज़ को ढाका स्टेशन तक न ले जा पाए। फिर सरकार ने कहा कि अगर मुमताज़ एक दया-याचिका डाल दें तो उन्हें छोड़ा जा सकता है। इरादे की अडिग और निर्भीक इस महिला ने माफ़ी माँगने से इनकार कर दिया। इंकलाब की क्या माफ़ी? मुक्ति की राह में दया की भीख क्यों! इसका परिणाम यह हुआ कि उन्हें एक साल की जेल हुई। सज़ा यहाँ ख़त्म नहीं हुई। जेल से लौटीं तो पति ने तलाक़ दे दिया, नौकरी छूट गई और बेटी को भी पिता ने मुमताज़ के पास रहने नहीं दिया। सिर्फ़ 37 की उम्र में, तमाम परेशानियों को झेलती हुई मुमताज़, 1967 को ढाका में एक गुमनाम मौत मरीं और पाकिस्तान व बांग्लादेश के राजनीतिक अतीत, इतिहास से, स्मृति से भी वह 2009 तक ग़ायब रहीं।[8] आंदोलनों में हिस्सेदारी से स्त्रियों की सत्ता में हिस्सेदारी तय नहीं होती जब तक कि वे आंदोलन स्त्री-प्रश्नों पर ही आधारित न हों। जबकि स्त्रियों ने देश/ समाज के हित में हर संघर्ष को साझा संघर्ष माना। यह एक विडम्बना है। फिर भी, आंदोलन औरतों को मज़बूत करते हैं। यह एक विरोधाभास है।

आंदोलन स्त्रियों को मज़बूत व आज़ाद करते हैं और स्त्रियाँ आंदोलनों को मज़बूत करती हैं[9]

बिलकुल ताज़ा उदाहरण एंटी-सी.ए.ए. का देखा जा सकता है जिसमें पर्दानशीं औरतें भी ख़ूब हिम्मत से बढ़-चढ़ कर भाग ले रही थीं और बुलंद आवाज़, इरादों के साथ टीवी चैनलों को बाइट भी दे रही थीं, मर्द एक तरफ़ होकर उन्हें ग़ौर से सुन रहे थे। एक स्त्री के लिए आंदोलन दुनिया-समाज को कुछ और खुला और अपना बना देते हैं। आज़ादी के संघर्ष के उस दौर में युवतियाँ कैसे बढ़-चढ़ कर भाग ले रही थीं और कितना कुछ सीख रही थीं। लेकिन यह अक्सर देखा गया कि संघर्ष की यह विरासत जीवन और राजनीति में से धीरे-धीरे खोती चली गई।

---

8. देखें, पेज-432-434, *पीपल्स मूवमेंट्स इन पाकिस्तान*, असलम ख़्वाजा, अनु.: नूर ज़हीर, द मार्जिनल पब्लिकेशन, 2017
9. देखें, डॉ. चमन लाल का लेख *मेनस्ट्रीम* पत्रिका में-http://mainstreamweekly.net/article10580.html

जो स्त्रियाँ बाहर निकलीं और जेलों में गईं, पिटीं, आज़ादी मिलने के बाद वे सब वापस घरों की ओर लौट गईं। यह लगभग पूरी दुनिया में अधिकारों- कानूनों के लिए होने वाले आंदोलनों के लिए सच है कि स्त्रियों का इनमें भाग लेना यह निश्चित नहीं करता कि उनकी अपनी स्थिति भी राजनीतिक रूप से मज़बूत हो जाएगी और किन्हीं आंदोलनों में भाग लेने के बाद उन्हें अपने स्त्री-अधिकारों के लिए अलग से संघर्ष नहीं करना पड़ेगा।

1954 में बेग़म जहाँआरा शहनवाज़ के ड्राफ़्ट किए बिल के अनुसार सभी महिलाओं (जमात-ए-इस्लामी के संस्थापक मौलाना मौदूदी यह माँग रख चुके थे कि सभी वयस्क पुरुषों और सिर्फ़ शिक्षित महिलाओं को वोटिंग का अधिकार दिया जाना चाहिए) को मताधिकार मिला और साथ ही अवसरों की समानता, समान काम का समान वेतन जैसे मुद्दे भी पारित हुए (लेकिन समान अधिकार शरिया क़ानून के तहत ही)।

9 दिसम्बर, 1880 को बंगाल में जन्मी बेग़म रुकैया सखावत हुसैन एक स्त्रीवादी विचारक, शिक्षाविद्, समाज सुधारक और लेखिका थीं। रुकैया बेगम ने 1916 में मुस्लिम महिला संगठन की स्थापना की जिसका उद्देश्य ही था स्त्री-शिक्षा और रोज़ग़ार के लिए प्रयास करना। सुल्ताना का सपना जैसा स्त्रीवादी यूटोपिया उनकी सोच और स्त्रीवादी मकसद को ज़ाहिर करता है।

नारीर ओधिकार[10]

बेग़म रुकैया सखावत हुसैन

> हमारे धर्म में, शादी तब पूरी होती है जब दूल्हा-दुल्हन दोनों रज़ामंदी दे देते हैं। लेकिन किसी वजह से (ख़ुदा न ख़ास्ता) तलाक़ की नौबत आती है तो वह भी दोनों की रज़ामंदी से होना चाहिए। लेकिन फिर क्यों, व्यवहार में, तलाक़ हमेशा एक तरफ़ा रहा है, जो सिर्फ़ शौहर दे सकता है? कम-से-कम हम तो ऐसा ही देखते हैं हर बार। हमारे उत्तरी बंगाल में, मैंने देखा है तलाक़ मध्यवर्गीय घरों में बहुत सामान्य है। शौहर किसी छोटी सी बात का बहाना बनाकर अपनी बीवी को छोड़ देता है। अगर औरत से छोटी-सी भी ग़लती

10. पृ-124-126, *फ्रीडम फ़ेबल्स,* रुकैया सखावत हुसैन, बांग्ला से अनु.: कल्याणी दत्त, ज़ुबान, 2019 से साभार (अंग्रेज़ी से अनुवाद—सुजाता)

हो जाए तो आदमी घमण्ड से यह घोषणा करता घूमता है कि 'मैं तो इसे तलाक़ देने जा रहा हूँ' फिर घर के अंदर कुछ औरतें उस बदनसीब बीवी को घेरकर बैठती हैं; बरामदे या आँगन में कुछ मर्द उसके शौहर को बुलाते हैं। इन सब मर्दों के सामने ज़ोर से तीन बार बोलता है–

आएँ तलाक़ बाएँ तलाक़
तलाक़, तलाक़, तीन तलाक़
आज मैं अपनी जोरू को देता हूँ तलाक़

इस वक्त वह आदमी बहुत ख़ुश लग रहा होता है। शायद नई दुल्हन के आने की उम्मीद में। लेकिन लड़की बहुत ज़ोर से रोती है। कुछ बड़ी-बूढ़ियाँ उसकी नाक से, कान से, कलाई से, गहने उतारती हैं और उन्हें उसकी साड़ी के छोर से बाँध देती हैं। उसकी कलाई की काँच की चूड़ियाँ किसी ईंट या लकड़ी के टुकड़े से तोड़ दी जाती हैं और उसे कहा जाता है, 'जाने से पहले अपना देन महर लेती जाना' लड़की और ज़्यादा रोती है। बेचारी लड़की, अपना शौहर, अपने गहने, अपना क़ीमती घर जो उसने अपने हाथों से बनाया था, खोकर अपने अभावों पर रोती है।

अगला दृश्य: आदमी अपने दोस्तों के साथ छुट्टियों पर चला जाता है। बाप, भाई, चाचा, या जो भी कोई लड़की के अभिभावक के रूप में उपस्थित होता है (ऐसे दो-एक लोगों को पहले ही बुला लिया जाता है) अब तक रोती हुई उस लड़की को जबरन खींचकर पालकी में बैठाते हैं और चले जाते हैं।

उत्तर बंगाल में, ऐसे बूढ़े मर्दों की विवाह योग्य युवतियों से शादी रचाने की बेकरारी और ख़्वाहिश के बारे में एक कविता है–

हुकुर हुकुर बुड्ढा खाँसता है
हुकुर हुकुर खाँसता है वह
निकाह की बात पर हँसता है बूढ़ा
फुकुर फुकुर हँसता है वह

शिक्षा की जो अलख रुकैया बेगम ने बंगाल की मुस्लिम महिलाओं के बीच जगाई उसका एक उदाहरण तस्लीमा नसरीन के बचपन के इन संस्मरणों में दिखाई देता है

जब वे अपनी माँ के पढ़ने को लेकर संघर्षों का वर्णन करती हैं और माँ की पढ़ाई के लिए उत्कट इच्छा को बयान करती हैं। साथ ही देह के रंग को लेकर विशेष रूप से दक्षिण एशियाई समाजों के पूर्वाग्रह भी इस अंश में दिखाई देंगे।

जिसकी सूरत पसंद नहीं उसकी चाल टेढ़ी लगती है

तसलीमा नसरीन (*मेरे बचपन के दिन* से एक अंश)[11]

पिताजी ड्रम भरकर चावल और गृहस्थी के खर्चों के लिए रुपए-पैसे दे गए थे। लेकिन माँ का गृहस्थी में मन नहीं लग रहा था। दुनिया में दाल-चावल ही तो सब कुछ नहीं होता न!

कोई कितना भी कहे बड़ी बू की तकदीर अच्छी है, मगर माँ अपनी किस्मत को रोती रहती थीं। उन्हें पढ़ने-लिखने का बहुत शौक था, जो पूरा नहीं हुआ। अच्छी छात्रा के रूप में उनका स्कूल में नाम था। नाना चाहते थे कि उनकी बेटी बुर्का पहन कर स्कूल जाया करे। माँ बुर्का पहन कर ही जाती थीं। यह देखकर स्कूल की लड़कियाँ मुँह दबाकर हँसतीं। शादी हो जाने पर स्कूल की पढ़ाई छोड़नी पड़ी। स्कूल से विदा लेने के दिन मास्टरों ने अफ़सोस जताते हुए माँ से कहा था, ‘‘तेरी बुद्धि अच्छी है। चाहने पर बी.ए, एम.ए पास कर सकती थी। देखना, अगर शादी के बाद पढ़ाई-लिखाई का मौका निकाल सको।’’ शादी के बाद माँ ने पिताजी से एक ही आग्रह किया था कि वे पढ़ना चाहती हैं। बड़े भैया को स्कूल भेजने के बाद वे खुद भी पढ़ने जाने लगी थीं। पिताजी को कोई आपत्ति नहीं थी। मगर नाना को आपत्ति थी। इसके बावजूद माँ का पढ़ने-लिखने का शौक ख़त्म नहीं हुआ। पिताजी के राजशाही चले जाने पर घर में बिना किसी को कुछ बताए माँ स्कूल में भर्ती हो गईं। उन दिनों बड़े भैया ज़िला स्कूल में कक्षा सात में पढ़ते थे। माँ भी महाकाली स्कूल में कक्षा सात में पढ़ने लगीं। स्कूल के अध्यापकों को पता था कि माँ की शादी हो चुकी है और बाल-बच्चे भी हैं। यह बात अन्य छात्राओं से छिपाकर रखी गई जिससे मेरी माँ बिना किसी

---

11. पृ. 60-62, *मेरे बचपन के दिन,* तस्लीमा नसरीन, अनु.: अमर गोस्वामी, वाणी प्रकाशन, 2000

कुंठा के अपने से कम उम्र की छात्राओं के बीच सहज ही उठ-बैठ सकें, उनके साथ एक क़तार में बैठकर पढ़ सकें। कक्षा सात की तिमाही परीक्षा में उन्हीं के अंक सबसे ज़्यादा आए। मगर उनके स्कूल जाने की बात ज़्यादा दिन तक घर में छिपी नहीं रही। यह बात पता चलने पर वार्षिक परीक्षा के पहले नाना ने माँ से साफ़ कह दिया, "औरतों को इतना पढ़ने-लिखने की ज़रूरत नहीं। घर में रहकर बाल-बच्चे पालो।" पिताजी ने भी राजशाही से चिट्ठी लिखकर माँ को स्कूल जाना बंद करके बच्चों की देखभाल करने की सलाह दी। जैसे उनके पैरों में किसी ने एक अदृश्य ज़ंजीर डाल दी। माँ के सपने एक बार फिर टूटकर बिखर गए।

माँ को यक़ीन नहीं हो रहा था कि उनकी तक़दीर अच्छी है। अगर तक़दीर अच्छी होती तो आख़िर नाना को बिल्ली की तरह दबे पाँव माँ के कमरे में चोरी-छुपे घुसने की क्या ज़रूरत थी। एक दिन उन्होंने अपनी जेब से कागज़ में लिपटी एक डिबिया निकालकर माँ की दाहिनी हथेली पर रखकर झट से उनकी मुट्ठी इस तरह बंद कर दी, जिससे किसी चिड़िया तक को न पता लगे। आख़िर उन्हें यह क्यों कहना पड़ा 'इसे छिपाकर रखना बेटी!' जैसे कि दीवारों के भी कान हों इस तरह फुसफुसाकर वे बोले, "इसे हर रात को अपने चेहरे पर लगा लिया करना।"

माँ के काले चेहरे को गोरा करने की दवा नाना ने लाकर दी थी जिससे पिताजी की नज़रों में माँ कुरूप न लगें और वह बीवी-बच्चों को छोड़कर दोबारा कहीं न चले जाएँ। उस डिबिया की दवा को हर रात माँ अपने चेहरे पर मलती थीं, मगर चेहरे का रंग नहीं बदलता था। उनकी आँखें पहले से ज़्यादा कोटरों में धँसती जातीं, आँखों के नीचे स्याही पड़ती जाती, भोथरी नाक वैसी ही भोथरी बनी रही। मगर सौंदर्य उनमें भले ही न रहा हो, गुण में वे किसी से पीछे नहीं थीं। वे सिलाई जानती थीं, रसोई जानती थीं, ख़ुद को सांत्वना देती थीं।

जेलों में स्त्रियों को डालकर बर्बर शारीरिक सज़ाएँ देने का लम्बा दौर पाकिस्तान में भी चला। कोड़ों की सज़ा के आदेश पारित हुए। भारत, पाकिस्तान और

बांग्लादेश की स्त्रियों ने जब राजनीतिक आंदोलनों में भाग लिया तो उसका मकसद अपने लिए एक बेहतर सर-ज़मीन बनाना था। लेकिन असल में उनके संघर्ष कभी ख़त्म ही नहीं हुए और आज़ादी कभी मुकम्मल।

नेपाल, भारत, पाकिस्तान, बांग्लादेश, बर्मा और लगभग पूरे एशिया के बंद समाजों में किस तरह सेक्स-व्यवसाय लड़कियों की निरीहता और अभाव पर फल फूल रहा है इस विषय में विस्तार से पढ़ने के लिए लुईज़ ब्राउन का शोध कार्य *एशिया का सेक्स बाज़ार* पढ़ा जाना ज़रूरी है।[12]

---

12. *यौन दासियाँ : एशिया का सेक्स बाज़ार*, लुईज़ ब्राउन, वाणी प्रकाशन, 2005

जिसने आँचल को परचम बना लिया

(ईरान का हिजाब विरोधी आंदोलन)

ईरान के इतिहास में यह एक नाटकीय क्षण था जब 1936 में रज़ा शाह ने एक स्कूल में जाकर यह घोषणा की कि अब हिजाब (Veil) को पूरी तरह प्रतिबंधित कर दिया गया है। वह अपनी रानी और बेटियों के साथ यूरोपीय परिधानों में, हैट पहने महिलाओं के एक शिक्षक-प्रशिक्षण कॉलेज में भाषण देने गया था तो पूरा देश अवाक् देखता रह गया। यह सच है कि पर्दा हटाने से ईरान की औरतों के लिए रोज़गार के बहुत से नए अवसर खुल गए। एक 'नई ईरानी महिला' की अवधारणा बन रही थी।

लेकिन ऐसा क्या हुआ कि साल 2014 में ईरान से ख़बर आने लगी कि वहाँ के इंक़लाब स्ट्रीट पर कुछ औरतों ने सरेआम अपना हिजाब (सर ढँकने का कपड़ा) हवा में लहरा कर अपनी छुपी हुई आज़ादी को बज़ाहिर किया है? और इस जुर्म के लिए कुछ औरतों को गिरफ़्तार भी कर लिया गया है! ईरानी पत्रकार हालेह अस्फांदियारी अपनी किताब *रीकंस्ट्रेक्टेड लाइव्सः विमेन एंड ईरांस इस्लामिक रेवोल्यूशन* में इसकी ऐतिहासिक पृष्ठभूमि बताती हैं—

जब 8 मार्च को खोमैनी ने हिजाब को औरतों के लिए अनिवार्य किया

> इस्लामी क्रांति और देश की धार्मिक सत्ता के नेता अयातुल्लाह खोमैनी ने 8 मार्च (1979) को घोषणा की कि सरकारी दफ़्तरों में काम करने वाली औरतें अब से हिजाब पहनेंगी या इस्लामी ड्रेस (विडम्बना रही कि यह घोषणा अंतर्राष्ट्रीय महिला दिवस पर हुई)। हज़ारों मध्य-वर्गीय और कामकाज़ी महिलाएँ विरोध स्वरूप प्रधानमंत्री के दफ़्तर पर एकत्र हुईं। बाद में विभिन्न सरकारी दफ़्तरों पर ऐसे

प्रोटेस्ट अगले तीन दिन तक चले। इन विरोधों से हतप्रभ बज़रगन[1] ने अपने डिप्टी, अब्बास अमीर इंतेज़ाम, को भेजा महिलाओं को यह आश्वासन देने के लिए कि हिजाब सिविल कर्मचारियों के लिए ऐच्छिक होगा न कि अनिवार्य। लेकिन बज़रगन को ग़लत साबित होना था। पता चला कि हिजाब न सिर्फ़ सरकारी कर्मचारियों को बल्कि हर औरत को न सिर्फ़ दफ़्तरों में, बल्कि हर सार्वजनिक स्थान पर पहनना था। हालाँकि महिलाओं ने दुर्लभ साहस दिखाया–कुछ लोगों ने खोमैनी के जारी किए आदेश के ख़िलाफ़ असहमति जताने के लिए अपनी आवाज़ उठाई–यह जल्दी ही स्पष्ट हो गया कि इस ड्रेस आदेश का विरोध बर्दाश्त नहीं किया जाएगा।

उसी दिन 8 मार्च को, जब महिलाओं की विरोध रैली की ख़बर फैली, क्लब चलाने वाले मुश्टंडे और ठगों ने प्रदर्शनकारियों पर हमला कर दिया और उन्हें पीटा। चादर वाली महिलाओं को प्रदर्शनकारी महिलाओं का मज़ाक उड़ाने के लिए और उन्हें 'वेश्याएँ', 'यूरोपियन गुड़ियाँ' और 'कठपुतलियाँ' कहकर पुकारने के लिए लामबंद किया गया था। अगले दिन के अख़बारों ने इस पर स्टोरी करते हुए प्रदर्शनकारियों को 'राजशाही प्रवृत्ति' की 'डॉल्स' कहा। इस तरह वे उस लड़ाई में शामिल हो गए जो उन औरतों के ख़िलाफ़ थी जिन्होंने एक इस्लामी गणतंत्र की स्त्रियों के बारे में नीतियों की दिशा पर सवाल उठाए। हालाँकि बहुत कम लोग यह समझ पाए कि यह झड़प स्त्री–प्रश्न पर पूर्व–क्रांतिकारी संघर्ष की शुरुआत थी।

इस्लामी गणतंत्र के नेता शुरू से ही महिलाओं को नियंत्रित करने और व्यापक अर्थों में समाज में महिलाओं की भूमिकाओं को परिभाषित करने की आवश्यकता को लेकर अत्यधिक चिंतित थे, जुनून की हद तक। ईरान के नए नेताओं के इस जुनून और राज्य द्वारा परिभाषित किए जाने के विरोध में महिलाओं के इस प्रतिरोध ने सुनिश्चित कर

1. मेहदी बज़रगन, इस्लामी क्रांति के बाद खोमैनी का बनाया ईरान का प्रधानमंत्री जो अपने उदारवादी–लोकतांत्रिक विचारों के लिए सम्मानित था और जिसने कुछ ही महीने बाद 1979 के नवम्बर में इस्तीफ़ा दे दिया।

दिया कि स्त्री-प्रश्न क्रांतिकारी राजनीति के केंद्र में रहने वाला है।[2]

मालूम हो कि ईरान में सार्वजनिक जगहों पर जाने के लिए औरतों का हिजाब पहनना क़ानूनी रूप से ज़रूरी है। ईरानी औरतों में इस मुहिम की शुरुआत मसीह अलींज़ाद ने सोशल मीडिया पर 'मेरी चुराई हुई आज़ादी' और 'व्हाइट वेडनेसडे कैम्पेन' के ज़रिये की। 1978-79 में ईरान की इस्लामिक क्रांति के बाद भी, जिसमें कि आज़ादी और बराबरी की बात उठाई गई थी, औरतों के लिए बराबरी नहीं लाई जा सकी। बल्कि औरतों के संदर्भ में ईरान इस्लामिक क्रांति के बाद से अधिक रूढ़िवादी होने की तरफ़ बढ़ा है। इससे स्त्रियों के लिए एक दमघोंटू माहौल बना। हिजाब विरोधी आंदोलन में शामिल औरतें इस बात की हिमायत करती हैं कि यह उनकी अपनी अभिव्यक्ति की आज़ादी और चयन का अधिकार होना चाहिए कि वे हिजाब पहनें या नहीं। राज्य की तरफ़ से इसे नियम की तरह लागू किया जाना एक तानाशाही है।

1936 में रज़ा शाह पेहलवी के शासन में जब बुर्क़ा हटाया गया था उससे पहले रज़ा स्त्रियों को बिना बुर्क़े के सिर्फ़ हिजाब पहनकर सार्वजनिक स्थानों पर जाने को कहता था। इस्लामिक क्रांति का नतीजा यह हुआ कि स्त्रियाँ जितनी भी आज़ाद हुई थीं वह सब उलट-पलट गया। इस क्रांति में स्त्रियों ने ज़ोर-शोर से भाग लिया था लेकिन वे नहीं जानती थीं कि राजशाही के विरोध के अति उत्साह में उन्हें क्या खोना पड़ेगा। हालेह अस्फांदियारी, अपनी किताब *रीकंस्ट्रक्टेड लाइव्स: विमेन एण्ड इस्लामिक रिवोल्यूशन* के बारे में दिए एक साक्षात्कार में कहती हैं कि क्रांति से सड़कों पर औरतों की भीड़ उतर आई जो सोचती थी कि इस्लामिक गणतंत्र उन्हें बराबरी देगा लेकिन क्रांति में उन्मत्त होकर किसी ने इस बात की तरफ़ ध्यान ही नहीं दिया कि अयातुल्लाह खुमैनी पेरिस में क्या कह रहा है ! वह कह रहा था कि स्त्रियों की समाज में भूमिका होगी लेकिन 'इस्लामिक ढाँचे के भीतर रहकर' और किसी ने उन दिनों यह नहीं पूछा कि 'इस्लामिक संरचना है क्या!'

1936 में जब बुर्क़ा हटाया गया तब भी स्त्रियों के 'चयन के अधिकार' को ध्यान में नहीं रखा गया और जब 1979 में हिजाब की वापसी हुई तब भी 'चयन के अधिकार' को किनारे कर दिया गया। पुरानी पीढ़ी को लगा कि उसे

---

2. यह अंशपेज-19 और 20, *रीकंस्ट्रेक्टेड लाइव्स, विमेन एंड ईरांस इस्लामिक रेवोल्यूशन,* हालेह अस्फांदियारी, द वुड्रो विल्सन सेंटर प्रेस, वॉशिंग्टन, 1997 से उद्धृत (अनुवाद—सुजाता)

अचानक नंगे सर निकलने को मजबूर करके अपमानित किया गया है।[3] लेकिन नयी पीढ़ी के साथ धीरे-धीरे औरतों ने तरक्की करना शुरू किया। लेकिन इस्लामिक क्रांति ने ईरान की उस औरत को जो आज़ाद थी, पूरी तरह बंद और असहाय कर दिया। परिवार सुरक्षा अधिनियम को ख़त्म किया गया जिसका मतलब था कि पुरुष एक ई-मेल से भी तलाक़ दे सकते थे, बच्चों को रखने का अधिकार औरतों से छीन लिया गया, एक स्थायी पत्नी के अलावा पुरुष कई अस्थायी पत्नियाँ रख सकते थे, औरतें मेकअप करके नहीं निकल सकतीं, ऐसी पार्टियों में नहीं जा सकतीं जहाँ मर्द-औरत दोनों साथ हों और पुरुष औरतों के आवागमन को कभी भी, कैसे भी रोक सकते थे। शाह के काल में औरतों ने जितनी तरक्की की वह पश्चिम के प्रभाव से बचने के प्रयास में पनपे धार्मिक उत्थान के पागलपन ने वापस छीन ली।

'चयन के अधिकार' का मामला इतना सीधा नहीं है। अगर याद हो तो फ्रांस में, जहाँ मुस्लिम आबादी सब यूरोपीय देशों में सबसे ज़्यादा है, पिछले वर्षों में हिजाब/बुर्क़ा पर प्रतिबंध लगाने को लेकर बहसें हुईं। फ्रांस में पहले शिक्षण संस्थानों में धार्मिक पहचान के साथ आने पर प्रतिबंध लगाया गया और फिर पब्लिक डीलिंग वाले कामों के लिए भी। कई औरतों ने बिना हिजाब बाहर निकलकर नौकरी करने की जगह घर पर बैठना या इण्टरनेट की मदद से घर से ही कोई काम-धंधा करना शुरू किया। एक विशिष्ट माहौल में पली और संस्कारित हुई स्त्री से अचानक एक दिन बदल जाने की उम्मीद नहीं की जा सकती, जबकि वह स्वयं को इतना अनुकूलित कर चुकी हो कि उसे कोई आदत सहज लगने लगे और उस आदत का बाहरी बल से त्याग अपमान महसूस हो। चयन कोई हवा में बनने वाली चीज़ नहीं है। जिस देश-काल और समाजीकरण की प्रक्रिया में मनुष्य बनता और ढलता है वह उसके चयन या इच्छा को भी प्रभावित करने लगती है। गुलामियों को आत्मसात् कर लिया जाना शोषक-व्यवस्था की सबसे काम्य अवस्था होती है। जबरन हिजाब हटाना औरतों की आहत धार्मिक अस्मिता को मुखर बना देता है और हिजाब पहनने को कानून बना देना उसकी लैंगिक अस्मिता का दमन किए जाने की दुर्भावना दर्शाता है। दोनों ही स्थितियों में स्त्री की गरिमा को ठेस पहुँचती है। मानो, अपने परिधान और सामाजिक व्यवहार के लिए

---

3. देखें, पेज-24, *रीकंस्ट्रेक्टेड लाइव्स, विमेन एंड ईरांस इस्लामिक रेवोल्यूशन,* हालेह अस्फांदियारी, द वुड्रो विल्सन सेंटर प्रेस, वॉशिंगटन, 1997

उसे अपने देश में और उससे बाहर भी, हमेशा ही धर्म और राज्य से मिले निर्देशों का पालन करना होगा। यह तो एक स्वतंत्र गरिमामय मनुष्य का लक्षण नहीं है!

पितृसत्ता इतने महीन स्तरों पर काम करती हैं कि धर्म, कानून और राजनीति को अपने साथ लिए चलती है। धार्मिक दृष्टि से स्त्री की निम्न स्थिति को समझने के लिए अक्सर बहुत दूर नहीं जाना पड़ता। अपना ही ज़रा सा इतिहास खंगालें तो देखेंगे कि आज़ादी के बाद बना 'हिन्दू कोड बिल' पास करवाना उस वक्त की एक बड़ी चुनौती हो गया था इसलिए कि राष्ट्रपति डॉ. राजेंद्र प्रसाद, सरदार पटेल से लेकर कई बड़े नेता इसके विरोध में थे, क्योंकि व्यापक हिन्दू पुरुष इसके विरोध में था। सती जैसी कुप्रथा को भी स्त्रियों की इच्छा साबित करने में कोई कसर नहीं रखी गई थी, राजा राम मोहन राय और विलियम बैण्टिक के प्रयासों के सामने और हाल में आई फ़िल्म 'पद्मावत' के राजपूती जौहर का महिमामण्डन सबसे ताज़ा उदाहरण है। इसके लिए बहुत सारी ऐसी राजपूत स्त्रियाँ जुटाई ही गईं जो फ़िल्म के विरोध में सामूहिक जौहर करने को तैयार थीं। स्त्रियाँ धर्म की एजेण्ट भी हैं और सबजेक्ट भी। धर्म उनके सहारे काम भी करता है और उन्हीं को नियंत्रित करता है। 2016 की वह घटना मार्मिक है जब हैदराबाद में एक जैन परिवार की तेरह साल की बच्ची 68 दिनों के उपवास के बाद चल बसी। बाल तपस्वी कहकर उसकी शोभा-यात्रा को धूमधाम से निकाला गया। परिवार के लोगों के हिसाब से यह बच्ची का अपना फ़ैसला था कि वह इतनी आध्यामिक प्रेरणा से भरी थी। लेकिन तेरह साल की बच्ची की अपनी 'इच्छा' का, जिसमें उसकी जान को भी ख़तरा हो, क्या मतलब होता है!

सबरीमाला मन्दिर में भी मासिक धर्म के समय स्त्रियों का प्रवेश निषिद्ध है जिसके खिलाफ़ औरतों ने आवाज़ उठाई। शनि सिंगणापुर मंदिर के गर्भगृह में स्त्रियों के प्रवेश को लेकर उठे विवाद में शंकराचार्य स्वामी स्वरूपानंद ने बयान दिया था कि कोई 'धार्मिक स्त्री' मंदिर के गर्भगृह में प्रवेश नहीं करना चाहेगी। ऐसा दुस्साहस करने की माँग सिर्फ़ राजनीति करने वाली औरतें ही कर रही हैं। स्त्री के प्रवेश से जहाँ ईश्वर का ब्रह्मचर्य नष्ट होता हो वह 'धर्म' स्त्री के लिए तो नहीं ही हो सकता। ऐसे में स्त्रियों के एक गुट में मन्दिरों का बहिष्कार किए जाने को सही ठहराया गया तो कुछ औरतों ने इसे अपना धार्मिक हक़ कहते हुए जबरन प्रवेश की कोशिशें कीं। इस जज़्बे को भी ग़लत ठहराना मुश्किल है कि आप जहाँ-जहाँ हमारा आना-जाना प्रतिबंधित करेंगे हम वहाँ-वहाँ धावा बोलेंगे, पाताल हो या सबरीमाला मंदिर! इस जज़्बे को भी कि जिस मासिक

स्राव को आपका धर्म इतना खराब मानता है कि स्त्री के वजूद को ही अपवित्र घोषित करता है हमें उससे कुछ लेना-देना नहीं, हम ऐसे ही खुश हैं भले ही गंदे हैं। वी आर हैपी टू ब्लीड! ऐसे प्रतीकात्मक प्रतिरोधों की अपनी ज़रूरत और महत्त्व होता है और ऐसे प्रतीक वक्त-ज़रूरत के हिसाब से बार-बार बदलते हैं। जिस वक्त समाज की अंतिम स्त्री तक सैनिटरी नैपकिन और स्वास्थ्य सुविधाएँ और अधिकार न पहुँचाने का विरोध होगा उस वक्त सैनिटरी पैड को सड़क पर फेंक कर, पेड़ों या दीवारों पर चिपका कर बर्बाद किए जाने की जगह विकल्प खोजे-तलाशे जाएँगे। एक व्यापक और बड़े कष्ट से बचने के लिए यह सच में गम्भीर चुनौती होगी।

समाज के आधे हिस्से को अपमानजनक स्थितियों में डालने वाले धर्म और धार्मिक कानूनों के सामने अपनी बात सुनाने के लिए अक्सर ज़ोर से चिल्लाना पड़ता है या बेहद खामोशी से उस हक़ को चुरा लेना होता है जिससे वंचित किया गया। अपने हिजाब को परचम बनाकर और बालों को बहार बनाकर हवा में उड़ा देना होता है फिर भले ही उन औरतों को जेलों में ठूँस दिया जाए। धर्म पुरुषों द्वारा स्त्री की यौनिकता को नियंत्रित करने के लिए मिलकर बनाया गया तरीका है। बहुत सारे पुरुष-मस्तिष्कों की मिलकर बनाई गई मनुस्मृति के पालनहार, धर्म के रखवाले अक्सर कौरवों की सभा की तरह स्त्री के अपमान पर चुप ही पाए जाएँगे! स्त्री स्वयं अपनी धार्मिक पहचान को इतना आत्मसात् कर चुकी कि, धर्म के इलाके में उसकी चुनौतियाँ और दुश्मन बहुत सीधे नहीं। धर्म से टकराए बिना स्त्री की आज़ादी की राहें नहीं खुलने वालीं। ईरान के इस सोशल मीडिया आंदोलन को दुनिया भर से समर्थन हासिल हुआ।

क्यों हो जाती हैं लेखिकाएँ इतनी अकेली?

अंग्रेज़ी की सुपरिचित लेखिका वर्जीनिया वूल्फ़ ने जेब में भारी पत्थर रखे और नदी में समा गई...

जब-जब उसकी किताब आई वह आलोचनाओं के बारे में सोचकर तनाव से भर गई। उसके समस्त गद्य लेखन को पढ़िये, डायरी पढ़िये, जैसे वह कह रही हो—मुझे उसके लिए सज़ा मत दो जो मैं करती हूँ। मैं ख़ुद को ख़ुद ही सज़ा दूँगी, यह करने में मैं सक्षम होऊँगी और मैं पीड़ा पाऊँगी, मैं दण्डित होऊँगी और तब शायद तुम्हें मुझे बर्बाद करने की ज़रूरत नहीं पड़ेगी, बल्कि तुम दया करो शायद मुझ पर, दया में जो अपमान निहित है, और मैं जो इतनी गर्वित हूँ, क्या इतना काफ़ी नहीं है?[1]

वर्जीनिया ने 1941 में आत्महत्या की, दो सुसाइड नोट छोड़ गई जिसमें दर्ज किया कि जीवन में अपने साथी से प्रेम ख़ूब मिला। वह लिखती है, मैं फिर से पागल हो रही हूँ। हम वर्जीनिया के बायपोलर होने की तमाम बातें कह सकते हैं लेकिन मज़ेदार यह है कि वर्जीनिया का किया हुआ काम उसके जीवन से भी बड़ा है। इस पागल होने को समझने के लिए उनके उपन्यास, *अधूरी आत्मकथा* और *अपना एक कमरा* को पढ़ा जाना चाहिए। रचनात्मकता, बौद्धिकता एक स्त्री को स्नायविक तनाव दे सकती है और अपनी हत्या की स्थिति तक पहुँचा सकती है। वर्जीनिया ने स्त्री होकर लिखा यह उसकी सबसे बड़ी चुनौती थी। जब लाइब्रेरी के सभी रैक मर्दों के दिए ज्ञान और मर्दों की साहित्यिक भाषा से भरे हों, आलोचना के उनके मापदंड मर्दवादी हों, जिसमें औरत जैसा लिखना प्रशंसनीय न हो, ऐसे में वह स्त्री होकर, स्त्री की भाषा में कैसे लिखे! सिर्फ़ वह नहीं बल्कि हम सब स्त्री-साहित्य कैसे लिखें? हम अपने आप को अपनी ही लेखनी से वस्तु कैसे लिख दें?

---

1. देखें, पेज-45, एंड्रियाड्वार्किन, *राइटविंग विमेन,* पेरिगीबुक्स, यू.एस.ए., 1983

ऐसी स्त्रियों को जिन्होंने यह धृष्टता की, स्त्री होते हुए स्त्री होकर ही लिखा, आलोचना ने उन्हें दण्डित किया। जिन्होंने पुरुष-मानकों पर खरा उतरने की कोशिश नहीं की उन्हें दरकिनार किया गया। यह स्त्री-द्वेष ही है जो स्त्रीवाद-विरोध के रूप में सामने आता है। ऐसे में सबसे बड़ी चुनौती स्त्री-लेखन के सामने मूल्यांकन की कसौटियों की है। वह मर्दवादी आलोचनाओं को तरजीह देती रही और उसकी अपनी स्त्री-पहचान कहीं बिला गई। वर्जीनिया लिखती हैं—

> लंदन की तमाम पुरानी किताबों की दुकानों में औरतों के जो उपन्यास बिखरे पड़े रहते हैं, वे किसी बगीचे में छोटे दागदार सेबों की तरह दिखाई देते हैं। उनके बीचोबीच की गड़बड़ी ने उन्हें सड़ा डाला। दूसरों की राय के अनुपालन में लेखिकाओं ने अपने मूल्य बदल डाले।[2]

मनोवैज्ञानिक कॉफमैन ने 2001 में इस प्रवृत्ति के लिए 'सिल्विया प्लाथ इफ़ेक्ट' टर्म गढ़ा। उसने माना कि स्त्री कवियों में अन्य रचनात्मक लोगों की तुलना में पाई जाने वाली आत्महत्या की प्रवृत्ति अधिक होती है। सिल्विया की मृत्यु रहस्य से कम नहीं थी...मरीना की तरह सिल्विया के लिए लिखने का संकट अकेले का संकट नहीं था। उन्होंने अंग्रेज़ी के एक बड़े कवि से शादी की थी। दोनों रचनात्मक जीवन से जुड़े थे। यह साझा संघर्ष होना था। लेकिन सिल्विया की कविता 'डार्क हाउस' डराती है।

उनकी मृत्यु के बाद उनके पति टेड ह्यूज की लिखी यह कविता—

क्या घटा था उस रात, तुम्हारे घन्टों के भीतर
उतना ही अजाना है जैसे कि वह कभी घटा ही न हो,
तुम्हारी पूरी ज़िन्दग़ानी की कौन सी पूँजी,
जैसे एक अचेतन कोशिश, जैसे जन्म एक आलसी पल के
झीने पर्दे से दूसरे पर ज़ोर डालते हुए,
ऐसे हुआ जैसे कि ऐसा घट ही न सकता हो
जैसे वह घट ही नहीं रहा था[3]

एक मुक्तिकामी स्त्री के लिए जीवन में प्रेम ही सब कुछ नहीं हो सकता।

---

2. देखें, पेज-77, वर्जीनिया वूल्फ़, *अपना कमरा*, अनु.: गोपाल प्रधान, संवाद प्रकाशन, 2002
3. कबाड़खाना ब्लॉग से

संरचनाओं में कैद स्त्री की रचनात्मक छटपटाहट वर्जीनिया की आत्महत्या में भी दिखाई देती है।

इसमें कोई शक नहीं कि सामाजिक प्रतिबद्धताएँ और घर जैसी एक जगह को चलाने का प्रेशर और इसके साथ ही जिसे सीमोन ने कहा और जर्मेन ग्रियर भी कहती हैं कि एक ऐसा अंग यानी कोख मिली होना स्त्री की ऐसी नियति रचते हैं जो अक्सर दर्ज हुए बिना और मूक रह जाती है। अभिशप्त योनि और कुलच्छनी कोख (द फीमेल यूनक- जर्मेन ग्रियर) स्त्री के लिए पितृसतात्मक व्यवस्था में गुलामी के औजार बन जाते हैं। प्रेम का नाम मिलते ही इस दुष्चक्र का न गुलाम को एहसास होता है न मालिक को। इसीलिए रैडिकल फ़ेमिनिस्टों ने माना था कि जब तक स्त्री को अपनी कोख पर नियंत्रण नहीं मिलेगा वह आज़ाद नहीं होगी। मातृत्व से मुक्ति जैसा कठोर विचार सुनकर एकदम से भड़क उठने वाला समाज कब और कहाँ किसी स्त्री की मदद करने आता है मातृत्व में? व्यंग्य कसने और कटूक्तियाँ कहने अवश्य प्रकट होता है यथासमय।

एक पहचान लैंगिक पहचान है (वह जेंडर पहचान और भूमिका जो समाज प्रदत्त है), एक पहचान कवि रूप में। वह पैंडुलम है। इधर एक बार स्त्री, फिर उधर कवि, और जब दोनों सधते हैं तो बीच का वक़्फा नहीं सधता और ठीक उसी टाइम और स्पेस में कोई सिल्विया या वर्जीनिया या मरीना अपना यह किस्सा हमेशा के लिए खत्म कर लेती है। कोई इसे समझना नहीं चाहता कि हमारे जीवन में जो स्त्री है उसका भी एक 'निजत्व' है। वह कर्ता है।

यह अस्मिता का भयानक संकट है कि सिल्विया को बलाघातपूर्वक कहना होता है—I am, I am, I am और मरीना को जो बार-बार लिखने को विवश करता है—मैं कवि ही रहूँगी अपनी अंतिम साँसों में...

सारा शगुफ़्ता : दुख का नाम बेटी रखना

सारा शगुफ़्ता का नाम उर्दू शायरी में बहुत कम लिया जाता है। इतिहास मानो उससे पल्ला छुड़ाने की ही कोशिश में था कि ये प्रयास सफल नहीं हो पाए। उर्दू हलके ने पचास सालों तक ख़ूब कोशिश की दक्षिण एशियाई बौद्धिक-स्त्रीवादी इतिहास से सारा शगुफ़्ता को मिटाने की।[4] अमृता प्रीतम ने सारा से कई साल

4. https://www.thehindu.com/books/literary-review/Still-I-Rise/article 14495892.ece

पत्र-व्यवहार किया। अपने जीते-जी एक बार वादा लिया था कि अमृता उसका कविता संग्रह अनुवाद करके छपवाएगी। सारा के जाने के बाद उसके तमाम ख़त और कविताओं को सामने रखते हुए अमृता ने सारा पर एक किताब लिखी। सारा का जन्म 1954 में गुजराँवाला, पाकिस्तान में हुआ था। बहुत कम वक्त गुज़ारा इस दुनिया में उसने। 29 की उम्र में आत्महत्या कर ली। पिता के साथ बेहद ख़राब रिश्ता मिला तो 17 की उम्र में ब्याह दी गई अपनी मर्ज़ी के ख़िलाफ़। नवजात बच्चा चल बसा और इसके लिए इल्ज़ाम आया सारा के सर। इन सदमों ने उसकी आत्मा को झकझोर दिया, पति को छोड़कर निकल गई और अपनी देह से बेगानी हो गई। चार विवाह और इसके अलावा बहुत से सम्बन्ध। उसके इल्म की, शायरी की कभी इज़्ज़त नहीं मिली। एक शौहर लगातार ताने देता था—इधर आकर पाँव दबाओ, बड़ी आई शायरा!, हमारे यहाँ औरत सिगरेट पिए तो गोली मार दी जाती है उसे, तुम दो कौड़ी की शायरा![5] दुनिया की तमाम तोहमतें और बंदिशें, लानतें और इसके बीच एक तड़पता हुआ रचनात्मक मन—तुम फौरन किताब छाप दो। मैं तुम्हें कुल अख्तियार देती हूँ।[6]

यह अराजकता मानो कोई बदला था दुनिया से कि जिस देह को, जिसके सेक्स को तुम स्त्री के वजूद के ऊपर मानते आए हो और जिसके लिए यह सारी सांसारिक प्रताड़ना है औरत के हिस्से उसी को मैं आग, पानी, मिट्टी, हवा के हवाले करती हूँ। एक जगह कभी उसने लिखा था—

> मेरा शरीर बहुत साधारण था तो मैंने उसे कुत्तों को दे दिया, लेकिन सारा की आत्मा साधारण नहीं थी कि तुम्हारे हाथों उसे बिक जाने देती।[7]

एक कविता में सारा कहती है—"तुझे जब भी कोई दुख दे, उस दुख का नाम बेटी रखना।" अपने स्त्री होने के कारण उसने जो भोगा उसे लिखा। यही शायद सबसे बड़ा गुनाह किया। शायद सचाई को इतना करीब से देख लिया था कि मोह भंग हो चुका था उन बनावटी शब्दों से और बनावटी रिश्तों से, दुनियादारी से। उनकी एक नज़्म 'औरत और नमक' पढ़िए—

---

5. देखें, पेज-84,85, *एक थी सारा,* अमृता प्रीतम, हिन्द पॉकेट बुक्स, संस्करण 2019
6. देखें, पेज-92, *एक थी सारा,* अमृता प्रीतम, हिन्द पॉकेट बुक्स, संस्करण 2019
7. https://www.thehindu.com/books/literary-review/Still-I-Rise/article 14495892.ece

इज़्ज़त की बहुत सी किस्में हैं
घूँघट, थप्पड़, गंदुम
इज़्ज़त के ताबूत में क़ैद की मेख़ें ठोंकी गई हैं
घर से लेकर फ़ुटपाथ तक हमारा नहीं
इज़्ज़त हमारे गुज़ारे की बात है
इज़्ज़त के नेज़े से हमें दाग़ा जाता है
इज़्ज़त की कनी हमारी ज़बान से शुरू होती है
कोई रात हमारा नमक चख ले
तो एक ज़िन्दगी हमें बे-ज़ाइका रोटी कहा जाता है

ये कैसा बाज़ार है
कि रंग-साज़ ही फीका पड़ा है
खला की हथेली पे पतंगें मर रही हैं
मैं क़ैद में बच्चे जन्ती हूँ
जायज़ औलाद के लिए ज़मीन खिलंदरी होनी चाहिए
तुम डर में बच्चे जन्ती हो इसीलिए आज तुम्हारी कोई नस्ल नहीं
तुम जिस्म के एक बंद से पुकारी जाती हो
तुम्हारी हैसियत में तो चाल रख दी गई है
एक खूबसूरत चाल
छोटी मुस्कुराहट तुम्हारे लबों पे तराश दी गई है
तुम सदियों से नहीं रोईं
क्या माँ ऐसी होती है
तुम्हारे बच्चे फीके क्यों पड़े हैं
तुम किस कुनबे की माँ हो
रेप की क़ैद की बटे हुए जिस्म की
या ईंटों में चुनी हुईं बेटियों की
बाज़ारों में तुम्हारी बेटियाँ
अपने लहू से भूक गूँधती हैं
और अपना गोश्त खाती हैं
ये तुम्हारी कौन सी आँखें हैं
ये तुम्हारे घर की दीवार की कौन सी चिनाई है
तुमने मेरी हँसी में तआरुफ़ रक्खा

और अपने बेटे का नाम सिक्का-ए-राइज-उल-वक्त
आज तुम्हारी बेटी अपनी बेटियों से कहती है
मैं अपनी बेटी की ज़बान दाग़ूँगी
लहू थूकती औरत धात नहीं
चूड़ियों की चोर नहीं
मैदान मेरा हौसला है
अंगारा मेरी ख़्वाहिश
हम सर पर क.फ़न बाँध कर पैदा हुए हैं[8]

अमृता प्रीतम अपनी किताब एक थी सारा में लिखती हैं—

1985 में इस किताब को तरतीब देते हुए, 8 और 9 अगस्त को मुझे सपना आया कि कुछ लोग एक क़ब्र खोद रहे हैं, और मैं चीख कर कहती हूँ—सारा अभी ज़िंदा है, तुम लोग उस ज़िंदा लड़की को दफ़्न करना चाहते हो?

अपनी ही चीख से मेरी आँख खुल गई, तो लगा-एक तरह से यह सपना सच्चा है। सारा को पागल करार देने से लेकर मरने तक मजबूर कर देने वालों ने उसे ज़िंदा ही तो दफ़्न किया है...

फिर नहीं जानती-कब आँख लग गई, तो देखा-सारा को कब्र में उतारा जा रहा है, और कहती हूँ—ठहरो! पहले कब्र में दूध डालो। सारा ने दूध की कसम खाई थी कि वह मौत की आख़िरी दस्तक तक नज़्म लिखेगी, उसकी कसम पूरी हुई। अब उसके बच्चे की तरह उसका दूध भी बेक.फ़न रह जाएगा पहले दूध को क.फ़न दो और दूध को क़ब्र दो!

मैं जगी-तो भरी हुईं आँखों से मैं सारा की कब्र को देखने लगी, जो जाने कहाँ है?[9]

अपने सूनेपन की मैं रानी मतवाली
प्राणों के दीप जलाकर करती रहती दीवाली

महादेवी वर्मा के अतिरिक्त हिन्दी में दूर तक ऐसी कोई कवयित्री नहीं दिखाई देती

---

8. रेख़्ता डॉट ओ आर जी से साभार
9. देखें, पेज-114, *एक थी सारा,* अमृता प्रीतम, हिन्द पॉकेट बुक्स, संस्करण 2019

जिसके लिए रचनात्मक बेचैनी और तड़प सर्वोपरि हो और जो अपने सृजनात्मक अकेलेपन से इस क़दर प्यार करे कि गार्हस्थ्य उसके लिए दूभर हो जाए। महादेवी की कविताएँ पढ़ती हूँ तो लगता है कि यह कवयित्री अगर घर-गृहस्थी से जुड़ी स्त्री की पारम्परिक भूमिका जीने को विवश की गई होती तो घर-परिवार के बीच कवि को मिला अबूझ रह जाने का अभिशाप और अकेलापन, रचनात्मकता की पीड़ा और बेचैनी शायद उसी स्तर तक ले गई होती जहाँ मरीना स्विताएवा, वर्जीनिया वूल्फ़ या सिल्विया प्लाथ गईं। लेकिन महादेवी ने एकांत को उत्सव बना लिया। कविता में निजी पीड़ा और गद्य में दुनिया के वंचितों, हाशिए के लोगों, पशु-पक्षियों तक की पीड़ा को अपना बना लिया।

नौकरी करती औरत के लिए हम एक सपोर्ट-सिस्टम विकसित नहीं कर पाए तो नौकरी के अलावा उसके अपने काम, लेखन जैसे काम जो साधना और धैर्य और समय माँगते हैं, जो कि घर के काम नहीं हैं, करते रहने के लिए सपोर्ट-सिस्टम तो बहुत दूर की बात है। अपराध-बोध और मानसिक बोझ उठाए चलने के लिए स्त्री की मजबूरी, प्रशिक्षण और आदत भी एक जंजाल है। रचनात्मक बेचैनियों से जूझते हुए पुरुष अक्सर सिगरेट, शराब और दोस्तों में सहारा तलाश लेते हैं। अधिकांश लेखिकाएँ शायद गृहस्थी और लेखन के बीच समंजन का। लेखन की तड़प और रचनात्मकता के दबाव से निजी जीवन में पनपने वाले द्वंद्व मानसिक विक्षिप्तता या आत्महत्या तक ले गए हों ऐसा तो हिन्दी में दिखाई नहीं देता लेकिन हाँ, साहित्यिक जीवन से किनारा कर लेना, ग़ायब हो जाना ज़रूर है। बहुत सी लेखिकाओं के नाम एक बार को चमके और फिर वे हमेशा के लिए ग़ायब हो गईं।

महादेवी पर गाँधी जी के विचारों और जीवन का प्रभाव था। उन्हीं के उपदेश कि अपनी ग़रीब बहनों की शिक्षा के लिए कार्य करें तो अच्छा है, उन्होंने विद्यापीठ की स्थापना लड़कियों के लिए की।[10] वह अपने घर में कई पीढ़ियों के बाद उत्पन्न हुई लड़की थीं। उनसे पहले या तो लड़कियाँ जन्मती ही न थीं या जन्मते ही मार दी जाती थीं। उनके जन्म से माता-पिता विशेष उत्साहित थे इसलिए भी उनका हठ चलता था। हठ करके ही वे प्रयाग जाकर पढ़ने की इच्छा पूरी कर सकीं। कम लोग जानते होंगे कि उन्हें यायावरी का भी ख़ूब शौक था। स्नातक होने से पहले ही उन्होंने बदरीनाथ, केदार आदि पर्वतीय यात्राओं के

---

10. देखें, महादेवी वर्मा, *आत्मिका* की भूमिका, राजपाल एण्ड सन्ज़, दिल्ली, 1983

साथ रामेश्वरम, कन्याकुमारी, पुरी आदि घूमकर रमण महर्षि का तथा बापू का आश्रम भी देख डाला और बापू के आह्वान पर अपने शरीर से सोना-चाँदी उतार कर माँ, दादी, नानी के सलमे-सितारे जड़े वस्त्र कीमती लहँगे जला डाले।[11] भिक्षुणी होने का निर्णय कर ही लिया था लेकिन जो स्वभाव से विद्रोही हो वह भिक्षुणी भी नहीं हो सकती थी।[12] वह जो अपने भीतर की रात, अंधेरों और अकेलेपन में निर्भय उतर सकती थी वह ऐसी ही निराली हो सकती थी। अपने लेखन और कर्म दोनों से उसे हिन्दी की प्रोटोफ़ेमिनिस्ट होना था।

शृंखला की कड़ियाँ स्त्री-स्वातंत्र्य और उसमें भी स्त्री के आर्थिक स्वातंत्र्य के महत्त्व को रेखांकित करते हुए वे हिन्दी की एक पुरखिन स्त्रीवादी के रूप में सामने आती हैं। स्त्री के अपने संकटों का विवेचन उन्होंने अपने समय और सामाजिक संदर्भों में किया और ठीक-ठीक राष्ट्रवादी आंदोलन में स्त्री की बनाई जाती छवि उन्हें एक समस्या दिखाई दी।

> हमें न किसी पर जय चाहिए, न किसी से पराजय; न किसी पर प्रभुता चाहिए, न किसी का प्रभुत्व। केवल अपना वह स्थान, वे स्वत्व चाहिए जिनका पुरुषों के निकट कोई उपयोग नहीं है, परन्तु जिनके बिना हम समाज का उपयोगी अंग नहीं बन सकेंगी। हमारी जागृत और साधन सम्पन्न बहनें इस दिशा में विशेष महत्त्वपूर्ण कार्य कर सकेंगी, इसमें सन्देह नहीं।[13]

यह ठीक वही स्त्रीवादी स्टैण्ड है जो 'सत्ता' की आलोचना करता है और अपने अस्तित्व, वजूद के विकास के लिए बराबरी के मौकों की माँग करता है। प्रतिक्रियाओं के चलते भी महादेवी ने दुर्ज्ञेय बनने की चाह रखी। वाकई क्या ऐसे में उन्हें समझा जा सकता था? अमृतराय ने उनकी कविताओं के लिए कहा-'मैं नीर भरी दुख की बदली' बस इस पंक्ति से आप महादेवी के पूरे काव्य को समझ लीजिए।

कोई कहता है यथार्थवादी कविता क्यों नहीं लिखी? कोई पूछता है महादेवी गृहिणी या माता होतीं तो उनका काव्य कैसा होता? जितना उनका गद्य है—समाज के वंचित तबके से आने वाले पात्रों पर, स्त्री-स्वातंत्र्य पर, सामाजिक मुद्दों और साहित्य पर जो निबंध हैं वे क्या कम हैं एक व्यक्ति के सामाजिक सरोकारों का

---

11. देखें, महादेवी वर्मा, *आत्मिका* की भूमिका, राजपाल एण्ड सन्ज़, दिल्ली, 1983
12. देखें, महादेवी वर्मा, *आत्मिका* की भूमिका, राजपाल एण्ड सन्ज़, दिल्ली, 1983
13. देखें, पेज-21, महादेवी वर्मा, *शृंखला की कड़ियाँ,* साधना सदन, प्रयाग, 1942

हवाला देने के लिए? एक ही तरह की अपेक्षा क्यों पालनी चाहिए हर कवि से? कोई उनकी पाब्लो से तुलना करता है और आग का अभाव है महादेवी में कहता है[14] तो किसी की समस्या यह है कि जिसे इतना आदर दुलार मिला उसे वेदना क्यों?[15]

जिस तरह उनके गीतों में भाषा प्रवहमान नाचती दिखाई देती है, उनके संकेतों पर वे शब्दों की जादूगर दिखाई देती हैं, और आत्मा में एक कवि बसा हुआ उनके गद्य में भी दिखाई देता है।

अब धरा के गान ऊँचे
मचलते हैं गगन छूने
किरण रथ दो
सुरभि पथ दो
और कह दो अमर मेरा हो चुका संदेश (दीपशिखा)

मीराँ आज पुनः जीवित होती तो वे महादेवी ही बनती या कुछ और यह कहना उतना ही कठिन है जितना महादेवी जी के काव्य में उपनिषद और वेदांत के ब्रह्म तत्व को खोजने का निरर्थक यत्न करना।[16] मीराँ कहती हैं, जो मैं ऐसा जानती प्रीत करे दुख होय/नगर ढिंढोरा पीटती प्रीत करे न कोय। लेकिन महादेवी उस पीड़ा को अपना लेती हैं। वे पीड़ा से विलग नहीं होना चाहतीं।

कैसे कहती हो सपना है
अलि! उस मूक मिलन की बात?
भरे हुए अब तक फूलों में
मेरे आँसू उनके हास!

न यह स्वप्न है, न यह अनुमान है, न यह ईश्वर को प्रेमी मानकर अभिव्यक्त किए उद्‌गार हैं। यह कवि की पंक्तियाँ हैं और उसका प्रेमी जो भी कोई है उसके प्रति उसका महसूस करना झूठ नहीं है। अगर यह झूठ है तो समस्त काव्य ही झूठ है क्योंकि कवि उन समस्त अनुभूतियों पर लिखता है जिन्हें प्रत्यक्ष जीवन में कभी महसूस करने के मौके उसे नहीं मिले। लेकिन वह काव्य उतना ही सच्चा होता है। यहाँ सारी समस्या स्त्री के जेण्डर की वजह से सामने आती है। स्वीकार्यता और

---

14. देखें, पेज-14, महादेवी वर्मा, *शृंखला की कड़ियाँ*, साधना सदन, प्रयाग, 1942
15. देखें, पेज-42, महादेवी वर्मा, *शृंखला की कड़ियाँ*, साधना सदन, प्रयाग, 1942
16. देखें, पेज-143, महादेवी वर्मा, *शृंखला की कड़ियाँ*, साधना सदन, प्रयाग, 1942

अस्वीकार्यता का पैमाना जेंडर्ड साहित्यिक मापदण्डों की वजह से ही बनता है।

अपने वैवाहिक जीवन के बारे में महादेवी कुछ अधिक नहीं खोलतीं। यह भी उनका अधिकार है और उनका चयन। ऐसा सम्भव नहीं कि इस पर उन्हें सवालों का सामना नहीं करना पड़ा होगा। बल्कि आज के समय में रहते हुए हमें यह उनके समय के हिसाब से बेहद चुनौतीपूर्ण लगता है। और भी समझदारी से वे ऐसी बातों को कोई महत्त्व दिए बिना कहीं-कहीं बता देती हैं कि ये सवाल उनके तईं कितने बेमानी हैं।

> स्त्री जब किसी साधना को अपना स्वभाव और किसी सत्य को अपनी आत्मा बना लेती है तब पुरुष उसके लिए न महत्त्व का विषय रह जाता है न भय का कारण।[17]

इसलिए यह एकांत साधना और दुर्बोध हो जाती है दुनिया के लिए कि यह एक सुशिक्षित, प्रबुद्ध, रचनात्मक स्त्री की चुनी हुई साधना है और वह भी ऐसी कि जिसका धर्म से कोई लेना-देना नहीं। कविता लिखना भी उसी एकांत का हिस्सा है।

---

17. देखें, पेज-17, महादेवी वर्मा, *शृंखला की कड़ियाँ*, साधना सदन, प्रयाग, 1942

ज़िन्दगी आसान कब थी?

लेकिन यक़ीन जानिए जीवन वैसे भी विडम्बनाओं, मुश्किलात और खोखलेपन से भरा था। फ़र्क़ बस इतना है कि वे सब संरचनागत और समाज-प्रदत्त थीं। जिनके लिए मैं आलोचना की शिकार हुई वे मेरी चुनी हुई थीं। फ़र्क़ बस इतना था कि पितृसत्ता ने समर्थक औरतों के लिए कई तरह के सपोर्ट-सिस्टम बनाए हैं, सुविधाओं के इंतज़ामात किए हैं और स्वीकृत क़िस्म के उगालदान बनाए हैं। स्त्रीवाद यह नहीं कर सका। इसलिए कि भले ही स्त्रीवाद बराबरी और न्याय के लिए दुनिया की तमाम औरतों के पक्ष में खड़ा होता है फिर भी दुनिया की तमाम औरतों ने उसकी तरफ़ खड़े होने से इनकार कर दिया।

अफ्रीकी स्त्रीवादी एलिस वॉकर, जो अपने उपन्यास *कलर परपल* के लिए पुलित्ज़र पुरस्कार से समानित हुईं, एक जगह लिखती हैं कि आज़ादी एक निजी और अकेली जंग है। मैं जानती हूँ कि आज़ादी एक सामाजिक संघर्ष ही हो सकता है। अकेले की आज़ादी हमेशा एक 'लक्ज़री' ही होगी, भले ही वह संघर्ष के भीषण रास्तों से गुज़री हो। लेकिन मैं यह भी जानती हूँ कि काली औरतों के संघर्ष की राह सामाजिक न्याय और बराबरी की ही राह थी। मैं यह भी समझती हूँ कि एलिस इसे निजी और अकेली जंग क्यों कहती हैं। निजी इसलिए है क्योंकि इस लड़ाई में कूदने के बाद एक स्त्री सबसे पहले उस सपोर्ट-सिस्टम से वंचित हो जाती है जो पितृसत्ता ने बरसों में स्थापित किया है, दृढ़ किया है। जब अपनी ही साथी-स्त्रियों के बीच आप उन जैसी नहीं दिखतीं और साथी-पुरुषों को सम्भावना या ख़तरा लगती हैं तो यह अंततः अकेला कर देता है।

लौट आती है उधर को भी नज़र उर्फ़ मेको ईज़ी लाइफ़ चाइए

मैं कुछ अजीब सी बातें आपसे साझा करूँगी। अमरीका में सोशल मीडिया पर पिछले एकाध वर्षों में एक आंदोलन सामने आया। 'ट्रेड वाइफ़' आंदोलन

(traditional wife) जिसमें खाते-पीते वर्ग की श्वेत महिलाएँ शामिल हैं। मज़ेदार है ना कि अमरीका में ट्रम्प महोदय की जीत में श्वेत, सम्पन्न स्त्री-वर्ग का बड़ा हाथ था। लेकिन यह कोई बेहद विशाल और प्रमुख वर्ग नहीं है।

ख़ैर, इंस्टाग्राम और यूट्यूब पर सक्रिय ट्रेड वाइफ़ समूहों में स्त्रीवादी बातें प्रतिबंधित हैं। यह एक एंटी-फ़ेमिनिस्ट आंदोलन है। एक ऐसे ही समूह से जुड़ी एक युवा स्त्री का अपनी माँ के साथ साक्षात्कार मैं यूट्यूब पर देख रही थी। माँ बेटी से अधिक आधुनिक दिख भी रही थीं और बातचीत में लग भी रही थीं। लेकिन शुरुआती कुछ मिनटों में ही यह निकल कर आया कि उस युवा स्त्री ने ट्रेड वाइफ़ जीवन क्यों चुना। वह अपनी माँ के गर्भ में तब आ गई थी जब माँ 19 बरस की थी और जैविक पिता जो माँ का बॉयफ्रेंड था, उसके बिना ही माँ ने लम्बे समय अकेले बेटी को पाला-पोसा बाद में शादी की। युवा स्त्री उसे दुनिया का शानदार पिता कहती है जिससे माँ ने बाद में शादी की। कमसिन उम्र में यह निश्चित ही बड़ा फ़ैसला था, दायित्व था और सामाजिक-संरचनाएँ, जिन्हें मैं पितृसत्तात्मक सपोर्ट-सिस्टम कहती हूँ, वे इन स्थितियों में मदद करने के लिए नहीं बनीं। बेटी एकदम नहीं चाहती थी कि वह माँ-जैसा जीवन जिए और कष्ट सहे। स्वाभाविक है। वह अच्छी सी शादी करके, गोलू-मोलू बच्चों को एक समृद्ध वातावरण में पालना चाहती थी। तनाव और अवसाद में नहीं। मुझे पता है यह उदाहरण देने पर शायद ही कोई इल्ज़ाम लगाएगा कि आप लोग विदेशी उदाहरणों से विमर्श करते हो क्योंकि मैं फ़िलहाल ट्रेडिशनल लोगों के मतलब की ही तो बात कह रही हूँ।

उदाहरण मेरे पास देसी भी है। अभिनेत्री नीना गुप्ता ने अपने करियर के चढ़ते दिनों में क्रिकेटर विवियन रिचर्ड्स से प्रेम किया और विवाह किए बिना अपनी संतान को जन्म देने, अकेले पालने का फ़ैसला किया। अपने संघर्ष की कहानी कहते हुए नीना गुप्ता को हमने बड़े गर्व से सुना। मैंने लम्बे समय तक नीना को सराहा। लेकिन जब उन्होंने एक साक्षात्कार में कहा कि "भारतीय समाज में रहना है तो औरतों को शादी करनी चाहिए। बहुत सी ग़रीब महिलाएँ अकेले बच्चे पालती हैं लेकिन मैंने यह चुना था और इसकी वजह से संतान को बहुत भुगतना पड़ता है। बच्चे को अकेले पालना बेहद मुश्किल है" तो मीडिया और स्त्रीवादियों में इसे लेकर काफ़ी हलचल रही।

मुझे अपनी मुश्किल भी खुद चुननी है

ऐसा कतई नहीं है कि इन उदाहरणों से ही सब तय हो जाता है। लेकिन अब आप उस सपोर्ट-सिस्टम की बात समझिए जिसका अभाव उन स्त्रियों ने भोगा जिन्होंने परम्परागत जीवन से इनकार किया। उनकी जीवन में लड़ाइयाँ अकेली रहीं और उन्होंने आज़ादी की भारी क़ीमत चुकाई। लेकिन ग़ौर से देखिए कि क्या ये समस्याएँ निजी-चयन से पैदा हो रही थीं! न, सामाजिक-संरचनाएँ इसके लिए ज़िम्मेदार थीं। वे व्यवस्थाएँ जो स्त्री को उसके चयन के लिए दण्डित करती हैं, उसकी स्वतंत्र सोच के लिए उसे अपमानित करती हैं और इस कदर तोड़ती हैं कि वह अकेला महसूस करने लगे। जब पूरी कायनात आपको घर बैठकर ट्रेड वाइफ़ बनाना चाहे तो उम्र के एक पड़ाव पर जाकर यह महसूस करना स्वाभाविक है कि जब हम शादी करके प्यार और सपोर्ट दोनों आराम से पा सकते थे तब भी हमने अपने जीवन को खामखाह संकट में डाला। नीना गुप्ता की बात में आप तीन बिंदुओं पर ध्यान रखिए—

- भारतीय समाज में रहना है तो स्त्री को शादी करनी चाहिए।
- मेरे चयन को संतान ने भुगता।
- बच्चे को 'अकेले' पालना मुश्किल है।

ऊपर की दो कहानियाँ पीछे मुड़कर संघर्ष के रास्ते को देखकर डर जाने वाले लोगों की हैं। उस पर गर्व करने वालों की नहीं। यह डर और भय ही पितृसत्ता की विजय है। मुझे फिर भी लगता है कि नीना गुप्ता की बेटी, मसाबा अपनी माँ के संघर्षों से ताक़त ही लेती होगी। जीवन में पत्नी बनना कोई मकसद नहीं हो सकता और मसाबा एक सफल इंटरप्रेन्योर है।

फिर भी समाज में ये अकेले और निजी लगने वाले जानलेवा संघर्ष तमाम स्त्रियों ने किए हैं। उनकी जीत उनकी निजी जीत नहीं रही। उनकी आज़ादी उनकी 'लक्ज़री' तक सीमित नहीं रही। उन्होंने संरचनाओं के आगे बेबस और अकेला महसूस करने की जगह उनसे टकराना बेहतर समझा। जूझते हुए उन्होंने सीखा कि उनकी जंग अकेले की जंग नहीं है उनके पूरे समुदाय की जंग है।

बस इतना सा ख्वाब है

एक और माँ-बेटी भी हैं। एलिस का ही एक मज़ेदार क़िस्सा सुनाती हूँ। एक

ग़रीब किसान परिवार में जन्मी एलिस वॉकर की माँ ने कठोर परिश्रम किया ताकि उसकी आठों संतानों को शिक्षा मिल सके और एक बेहतर जीवन। यह अपने संघर्षों से भयभीत माँ नहीं थी और न ही बेटी के जीवन में आने वाले संघर्षों से सहमी हुई। एलिस को जब विश्वविद्यालय में पढ़ने के लिए स्कॉलरशिप मिली तो माँ ने उसे घर से जाते हुए तीन चीज़ें दी थीं। एक टाइपराइटर, एक सिलाई मशीन और एक सूटकेस। टाइपराइटर इसलिए कि एलिस को लिखने का शौक था। वह ख़ूब लिखे और अपनी पहचान बनाए। सिलाई मशीन इसलिए कि किसी के सामने लाचार न होना पड़े। आर्थिक रूप से आत्मनिर्भर रहे और सूटकेस इसलिए कि ख़ूब घूमे और दुनिया को जाने। बेटी के जीवन में माँ एक भावनात्मक और आध्यात्मिक सहारा बनी। एक तरह से यह बेटी के हाथ पकड़ाई गई स्त्री-मुक्ति की कुंजी थी। आत्मनिर्भरता यहाँ कोई नकारात्मक मूल्य नहीं थी। लड़ाई भय का पर्याय नहीं।

औरत इसी दुनिया में रहने के लिए बनी है। अलग ग्रह बसाने के लिए नहीं। उसका विरोध भी इसी दुनिया में रहकर होगा। अलग ग्रह पर जाकर नहीं। स्त्रीवाद को लेकर यही भ्रम बनाया गया कि स्त्रीवादियाँ इस समाज में रहना नहीं चाहतीं। रह नहीं सकतीं इसलिए इसे तोड़ डालना चाहती हैं। ठीक है कि परिवार का कोई विकल्प नहीं है। लेकिन परिवार न तो चुनने की आज़ादी है न ही परिवार की संरचना में लोकतांत्रिक और लचीला होने का कोई गुण। स्त्रीवाद बदलाव की बात करता है और परिवार की रूढ़ संरचना बदलाव का विरोध।

स्त्रीवाद को क्या करना था और स्त्रीवादियों को क्या-क्या

बात नीना ने एक और भी कही थी जब वे अकेले जूझ रही थीं स्त्रीवाद कहीं नहीं था। स्त्रीवाद को कहाँ होना चाहिए था?

- क्या स्त्रीवाद को बेबी-सिटिंग करनी चाहिए थी?
- क्या स्त्रीवाद को एकल माँ के साथ बच्ची के परिवार को सम्मान और मान्यता दिलाने के लिए लड़ना चाहिए था?
- क्या स्त्रीवाद को भारतीय समाज को बदलना चाहिए था जिसमें पत्नी हुए बिना आप बच्चे पालने और एक सामान्य जीवन जीने के लिए सपोर्ट-सिस्टम का हक़ खो देते हो?

आपका उत्तर कोई भी हो मेरा जवाब यह है कि स्त्रीवाद को संरचनाओं में निहित होना चाहिए था।

औरतों के लिए मतदान का अधिकार पाने वाला न्यूज़ीलैंड सबसे पहला देश था और जेण्डर-बराबरी को मूल संरचनाओं तक ले आने के लिए उस देश ने निरंतर प्रयास किए हैं। ऐसे ही नहीं आज वहाँ एक स्त्रीवादी प्रधानमंत्री है जो एक अविवाहित माँ है और बेहद संवेदनशील, सफल नेता हैं। क्या भारतीय समाज में हम एक ऐसी स्त्री को प्रधानमंत्री बनते देख सकते हैं जो स्त्रीवादी है, मानवतावादी है, सामाजिक-न्याय में यक़ीन रखती है और जिसकी अपने बॉयफ्रेंड से एक संतान है और वह ख़ुश है और देश जिसके नेतृत्व में चल रहा है और जो दुनिया में अपने नेतृत्व के लिए प्रशंसा पा रही है? छोड़िए, हमारा ट्विटर तो सफ़ूरा जरगर के गर्भ पर इस कुत्सा में डूब जाता है कि उसकी शादी हुई थी या नहीं। स्त्री को देवी मानते रहने से तो संरचनाएँ नहीं बदलेंगी न!

अच्छा चलिए, एक ऐसे केस के बारे में सोचिए जहाँ स्त्री किसी दूर-दराज़ के क़स्बे में रहती है, घरेलू उत्पीड़न का शिकार है या बच्चों के साथ अकेली है, आत्मनिर्भर होकर सम्मान से दो रोटी खाना और बच्चों को खिलाना चाहती है, नौकरी करने जाना चाहती है लेकिन न बच्चों को सँभालने की कोई व्यवस्था है और न ही दूर नौकरी करने जाने के लिए ट्रांसपोर्ट की कोई सुविधा। चूँकि उसकी इन परिस्थितियों में मदद करना पितृसत्तात्मक सपोर्ट-सिस्टम का काम नहीं है इसलिए उसके संघर्ष निजी और अकेले दिखाई देंगे। सच तो यह है कि मक़सद भी यही है कि आज़ादी की चाह में स्त्री के सारे संघर्ष निजी और अकेले दिखाई दें ताकि वह राह पकड़ने से पहले कोई स्त्री हज़ार बार सोचे। इन राहों पर चल पड़ी स्त्री का साथ देने के लिए भी कोई सौ बार सोचे और तमाम परिस्थितियाँ वैसी ही बनी रहें जैसी वे अब तक रही हैं। मतलब यह तो अजीब है न कि सामाजिक-धार्मिक नियमों के हिसाब से शादी करोगे और फिर बच्चे होंगे तो उस बच्चे की पाँचवें दिन से नानी-दादी मालिश भी करेगी और जच्चा को भी सोंठ, आजवायन के लड्डू खाने को मिलेंगे! सब मिलने और उपहार देने आएँगे। बच्चा समाज की गालियाँ नहीं खाएगा। मन्नू भंडारी के उपन्यास का बंटी तो याद होगा न!

दोनों हाथ भरे हुए होंगे तो बहुत कुछ खाली हो जाएगा न

ये अकेली लड़ाइयाँ हैं ही नहीं। जितने क़ानूनी और सामाजिक अधिकार स्त्री

को अब तक मिले वे सब साझा प्रयासों का फल हैं जिनका उद्देश्य है एक ऐसी व्यवस्था बना पाना जो स्त्री-विरोधी न हो। वह अविवाहित रहे, संतान को जन्म देना चाहे, न चाहे, अकेले पाले या मिलकर सब परिस्थितियों में समाज और क़ानून उसका सहायक हो बाधक नहीं। हमें एक पितृसत्तात्मक सपोर्ट-सिस्टम नहीं एक मानवीय सपोर्ट-सिस्टम चाहिए।

'चयन' के तर्क से वह सपोर्ट-सिस्टम निर्मित नहीं कर सकता। उसे नीतियों में जगह बनानी होगी। उसे संरचनाओं से टकराना होगा। उसे निर्णय-प्रक्रिया में शामिल होना होगा। स्त्रीवाद एक भारी ज़िम्मेदारी है उसका 'फ़िट टू ऑल' आकार किसी काम का नहीं होगा। जो संसद तक पहुँच गई वही स्त्री-प्रतिनिधि हो गई या फ़ेमिनिस्ट यह सोचना मूर्खता है। सामाजिक न्याय के लिए प्रतिबद्ध होना ही आपको एक फ़ेमिनिस्ट प्रतिनिधि बनाता है। यह अपने समुदाय से प्रेम है। ज़िम्मेदारी है।

ट्रेड वाइफ़ के बासे संगीत के सामने सोशल मीडिया पर ऐसे भी नए गान हैं जिनमें स्त्रीवाद एक चमकदार लेबल है। वह एक ऐसी जादू की छड़ी है जिससे सब कुछ सही साबित किया जा सकता है। वह अपने भीतर झाँकने के उपक्रम को फ़ालतू समझता है और अध्ययन को बेमानी। जो चयन को एक निरपेक्ष चीज़ मानता है और जैसी हूँ वैसे ही ख़ुद से प्यार करती हूँ की थियरी को सबसे ऊपर रखता है। यह वाक्य कि 'जैसी हूँ वैसी ही अच्छी हूँ' अंतिम सत्य नहीं हो सकता, यह केवल पितृसत्तात्मक मापदण्डों के जवाब में इस्तेमाल किए जाने के लिए है। कौन मनुष्य है जिसमें सुधार की गुंजाइश नहीं है! ख़ुद से प्यार करना इसलिए ज़रूरी है कि पितृसत्ता स्त्री को आत्म-निर्वासन की ओर धकेलती है। यहाँ आकर मक़सद ख़त्म नहीं हो जाता। शुरू होता है। ताक़त के वे सारे सामाजिक समीकरण समझने पड़ते हैं जिनकी वजह से एक स्त्रीवादी सपोर्ट-सिस्टम बन पाना मुश्किल होता है। 'मेरी मर्ज़ी' इतिहास और राजनीति से कटी हुई चीज़ नहीं हो सकती। होगी तो आप चयन के तर्क को खींच-खाँच कर सती होने तक ले जा सकोगे। मैं सती होना चाहती हूँ, यह मेरी मर्ज़ी है, मैं अपनी मर्ज़ी से जीती हूँ, मैं फ़ेमिनिस्ट हूँ। फिर F से फ़ैशन और F से फ़ैमिली वाला फ़ेमिनिज़्म ट्रेड वाइफ़ से कोई अलग चीज़ नहीं है। ऊपर के दो उदाहरणों में तो स्त्रियों ने समाज के क्रूर सच को झेला और फिर भी खड़ी रहीं अडिग। इधर सोशल मीडिया से लेकर समाज तक में एक ऐसी खेप पल्लवित हुई जिन्होंने

कुछ भी झेलने से मना कर दिया और ख़ुद को स्त्रीवादी भी कहा।

मेरी स्त्रीवादी दोस्त जब अपने किसी पारिवारिक कष्ट की तफ़सील दे रही थीं तो मेरे मुँह से निकल गया—हम जैसे कामगारों के लिए कार पति से ज़्यादा ज़रूरी है! मित्र ने झट से प्रतिवाद किया—न , मेरे लिए सब ज़रूरी है! पति भी, कार भी, बच्चे भी, मेड भी...मुझे अपने दोनों हाथ भरे हुए चाहिए! मैं ठगी सी देखती रही और मन में सोचा—'अब इन पहले से भरे हाथों में कुछ और नया कभी नहीं पकड़ पाओगी...'

लगा स्त्रीवादी होने के लिए न्यूनतम अर्हता नारी (female) होना ही है। लेकिन लोचा इधर भी खूब है। घर फिर भी आपको चलाना है, बच्चे पालने ही हैं और स्त्रीवादी होने के साथ एक नई ज़िम्मेदारी यह भी कि घर जोड़ जमा कर रखना है बचाकर। स्त्रीवादी लेखिका की बड़ी मुसीबत है इन दिनों। पूछने वाले अजीब वाहियात सवाल पूछते हैं जैसे कि 'आप लिखती हैं आपके तो वैवाहिक जीवन के परखच्चे उड़ गए होंगे!'

पाठक के लव लाइक्स और सर आँखों पर बिठाने के बदले न सिर्फ़ जवाबदारी बनती है स्त्रीवादी की बल्कि हँसता-खेलता परिवार होने से उसकी स्वीकृति भी बढ़ती है। इसलिए ताबड़तोड़ दो क्रांतिकारी पोस्ट्स के बाद हमसफ़र को सारा क्रेडिट देते हुए एक मुसकुराती पेयर वाली तस्वीर भी लगाना बेहद ज़रूरी हो जाता है। बगल के कमरे में बैठे, फ़ेसबुक पर औरतों को आज़ादी का पाठ पढ़ाते पतिदेव को उनके जन्मदिन पर, अपने कमरे से बेस्ट विशेज़ भेजना सबसे ज़रूरी ज़िम्मेदारी है। किस पाठक को अच्छा लगेगा कि लिखने की वजह से एक जोड़ा अलग हो जाए! पढ़ने वालियों को भी यही संदेश जाए कि पहले पति को काँख में रखने के जतन करो फिर खुल कर खेलो! ऐसा विमर्श हर तरफ़ से तारीफ़ बटोरने के लिए कितना मुफ़ीद है। तलवार हवा में चले, बाल हवा मे लहरें, भाषा हवा से बातें करे और संघर्ष हवा में उड़ जाएँ बस तालियाँ ज़मीन पर बजें।

स्त्री की यौनिकता से ज़्यादा उसकी बौद्धिकता खतरे में है।

इस 'फ़ैमिली फ़ेमिनिज़्म' को ट्रेड वाइफ़ से अलगाकर नहीं देखा जा सकता। समुदाय की बेहतरी और मुक्ति के साझा स्वप्न के आगे जब आत्म-रति की वीणा बार-बार बजती है तो पूरा स्त्रीवाद महज़ एक सेक्शुअल स्त्रीवाद तक महदूद हो जाता है। सबकी मुक्ति को अपनी मुक्ति से प्रतिस्थापित कर दिया जाता है। कोई

सार्वजनिक ज़िम्मेदारी नहीं उनके प्रति जो वास्तविक पीड़ाएँ झेल रही हैं, चेतन नहीं हैं अभी। इसमें कोई दोराय नहीं कि यौन-सुख पर स्त्री का बराबरी का अधिकार और यौनिकता का अकुण्ठ प्रकटीकरण बेहद ज़रूरी है क्योंकि स्त्री की ग़ुलामी की शुरुआत ही उसकी यौनिकता पर नियंत्रण से होती है। लेकिन उतना ही बड़ा सच यह भी है कि स्त्री की यौनिकता से ज़्यादा उसकी बौद्धिकता खतरे में है।

एक कवि फ़ेसबुक पर कहता है—ए औरत, अपनी सेक्शुएलिटी देखो। खुल जाओ। देखो, हवा तुम्हारे बालों से खेलना चाहती है, हिजाब उतारो। उधर एक कवयित्री कहती है—कोई भी मर्द बाप हो या महान हो, सेक्शुएलिटी बीइंग है। यह याद रखो। यह याद रखोगी तो रेप की ख़बर पर शॉक से बचोगी। क्या पता मर्द की सेक्शुएलिटी को हमेशा ध्यान में रखने से, रेप से भी बच जाओ।

अभिभूत होने से पहले सोचिए ज़रा रुककर, रेप या यौन शोषण जैसे कि सिर्फ़ एक 'सेक्शुअल एक्ट' है? ताक़त के समीकरणों पर कोई बात नहीं होगी? शक्ति-सम्बन्धों पर आधारित समाज की संरचना की बलात्कार और स्त्री के दमन में कोई भूमिका नहीं? वर्चस्व के टूल की तरह जाति और वर्ग संरचना में विभक्त समाज के भीतर रेप किस तरह उपयोग किया गया है, उस पर कोई बात नहीं! कथित उच्च जाति के लोग दलित-आदिवासी महिलाओं पर जो बलात्कार करते हैं वह महज़ यौन-सुख के लिए है? फूलन, भँवरी बाई और ऐसी हज़ारों घटनाओं को बिना उस सामाजिक वर्चस्व को समझे समझा जा सकता है?

हवा बालों से खेलना चाहती है तो हिजाब उड़ा दो, कल कहोगे दुपट्टा उड़ा दो, फिर कहोगे कुर्ता उड़ा दो। वह जो माइक और मंच लेकर, टीवी वालों को बाइट देकर छक्के छुड़ा देती है उस औरत के कहे कंटेंट पर बात कब होगी? वह क्या बोल रही है वह कब सुनोगे? फिर तुम होते कौन हो यार यह कहने वाले? अपना यह मुक्तिदाता वाला फ़र्ज़ी हिजाब उड़ा देते तो ज़्यादा भला होता न?

अगर आसानियाँ हों ज़िन्दगी दुश्वार हो जाए[1]

दरअस्ल, यह नए क़िस्म का स्वघोषित स्त्रीवाद है जो सेक्सुएलिटी को इतना बड़ा विमर्श बना देता है कि सत्ता, ताक़त और तमाम तरह के अन्य सामाजिक समीकरण

---

1. चला जाता हूँ हँसता-खेलता मौज-ए-हवादिस से/ अगर आसानियाँ हों ज़िन्दगी दुश्वार हो जाए (असगर गोंडवी)

नकारना आसान हो जाता है। इसका फ़ायदा कुल मिलाकर सत्ता (किसी भी तरह की और हर सत्ता के कंट्रोल मुख्यतः पितृसत्ता के हाथ में हैं) को ही मिलता है। यह सरल है, यह इंटरटेनिंग है, यह सस्ता है, यह रेडीमेड है तो सोशल मीडिया पर हिट है, हिट होने का फ़ार्मूला है। तो इस 'सेक्सी फ़ेमिनिज़्म' से लड़कियों को असल बात समझने के रास्ते से गुमराह होते हम लगातार देख रहे हैं। इसने उनका जीवन आसान कर दिया है।

मुझे कहने दीजिए, अगर स्त्रीवाद की वजह से आपका जीवन मुश्किल नहीं हुआ है तो समझिए कि आप या तो पितृसत्तात्मक समाज में नहीं रहते या फिर आपने स्त्रीवाद का एक हल्का, स्वीकार्य और 'यूनिवर्सल वर्ज़न' बनाकर उसे पितृसत्तात्मक समाज के बीच बरतना बेहद आसान कर दिया है। उतनी आसानियाँ तो बाज़ार वैसे भी दे देता है। 'अच्छी लड़कियाँ स्वर्ग जाती हैं बुरी लड़कियाँ हर जगह ठीक हैं। लेकिन अच्छी और बुरी के श्रेणीकरण से कभी तो निकलना पड़ेगा! इस अकेले वाक्य से सब सध जाएगा?

एक स्त्रीवादी होने के बावजूद मैं कभी नहीं कहूँगी कि दुनिया को बेहतर बनाने के लिए सिर्फ़ स्त्रीवाद पढ़ना चाहिए। लेकिन मैं यह ज़रूर कहूँगी कि दुनिया को बेहतर बनाने का हर सपना स्त्रीवादी नज़रिए के बिना अधूरा है, भ्रम है, झूठ है! मैं यह भी स्वीकार करूँगी कि स्त्रीवाद ने मुझे बेहतर होने में मदद की है, लेकिन मेरी ख़ुद से जंग अभी जारी है, ताउम्र रहेगी शायद। मैं पितृसत्तात्मक मापदण्डों को नकारती रहूँगी और मेरा जीवन मुश्किल बना रहेगा। मैं समझ रही हूँ कि दोनों हाथ भरे हुए नहीं रह सकते।

लेकिन अगर आप सब हाथ बढ़ाएँ तो हम संरचना के लिए एक ललकार तो बन ही पाएँगे!

❑❑❑

संदर्भ-सूची

1. *साइको अनालिसिस एंड .फ़ेमिनिज़्म,* जुलियट मिशेल, बेसिक बुक्स, न्यूयॉर्क, 1974
2. *पेट्रियार्की,* वी.गीता, स्त्री, कोलकाता, 2007
3. एंड्रियाड् वार्किन, *राइट विंग विमेन,* पेरिगी बुक्स, यू.एस.ए., 1983
4. *द सेक्सुअल पॉलिटिक्स,* केट मिलेट, कोलम्बिया यूनिवर्सिटी प्रेस, न्यूयॉर्क, 2016
5. द *सेकेंड सेक्स,* सीमोन द बुवा,विंटेज, 2011
6. *विमेन राइटिंग इन इंडिया,* वॉल्यूम–1, सं–सूसी थारू, के. ललिता, ऑक्सफ़ोर्ड यूनिवर्सिटी प्रेस
7. *इस बेसहारा वक्त में,* मरीना स्विताएवा की कविताएँ,चयन व अनुवाद- वरयाम सिंह, प्रकाशन संस्थान, दिल्ली, 2013
8. *Rewriting History: The Life and Times of Pandita Ramabai*, Uma Chakravarti, Zuban-2015
9. *.फ़ेमिनिज़्म द एसेंशियल हिस्टॉरिकल राइटिंग्स,* मिरियम श्नायर, विंटेज बुक्स, 1994
10. *विमेन इन मॉडर्न इंडिया,* गेराल्डाइन .फ़ोर्ब्स, फ़ोर्ब्स, केम्ब्रिज यूनिवर्सिटी प्रेस, 1996
11. गोपाल गणेश अगरकर, *दि रेशनलिस्ट रि.फ़ॉर्मर,* अरविंद गनाचारी, पोपुलर प्रकाशन; मुंबई, 2005
12. *रीकास्टिंग विमेन,* ऐसेज़ इन कॉलोनियल हिस्ट्री, सं: कुमकुम संगारी व सुरेश वैद, ज़ुबान बुक्स, नई दिल्ली, 1986

13. *सावित्रीबाई फुले रचना समग्र*, सं. रजनी तिलक, अनु. शेखर पवार, दि मार्जिनल पब्लिकेशन, 2017
14. ताराबाई शिंदे, *स्त्री-पुरुष तुलना*, मराठी से अनु. जुई पालेकर, संवाद प्रकाशन, 2015
15. पंडिता रमाबाई, *हिन्दू स्त्री का जीवन*, अनु. शम्भु जोशी, संवाद, 2006
16. बेल हुक्स, *एंट आय अ वुमन*, प्लूटो प्रेस, लंदन, साउथ एंड प्रेस, बॉस्टन, 1982
17. *रख्माबाई : स्त्री अधिकार और कानून*, सुधीर चंद्र, राजकमल प्रकाशन, दिल्ली, 2012
18. *लेडी डॉक्टर्स*, कविता राव , वेस्टलैंड पब्लिकेशन, 2021
19. *द ट्रायल ऑफ़ सूज़न बी. एंथनी*, एन्न. डीगॉर्डन, फ़ेडरल जुडिशियल हिस्ट्री ऑफ़िस, 2005
20. *नागरिकता का स्त्री पक्ष*, अनुपमा रॉय, वाणी प्रकाशन, 2019
21. *सोफ़िया प्रिंसेस*, सफ़रेजेट, रेवोल्यूशनरी, अनिता आनंद, ब्लूमसबरी, 2015
22. *विमेंस स्ट्रगल, अ हिस्ट्री ऑफ़ द ऑल इंडिया विमेंस कॉन्फ्रेंस*, 1927-2016, अपर्णा बसु, भारती रे, मनोहर, 2018
23. *डोक्यूमेंटिंग फ़र्स्ट वेव फ़ेमिनिज़्म*, वॉल्यूम-1, सं.- मॉरीन मॉयनग और नैंसी फ़ोर्स्टेल, यूनिवर्सिटी ऑफ़ टोरोंटो प्रेस, 2012
24. *सेलेक्टेड वर्क्स ऑफ़ क्लारा ज़ेटकिन*, सं.- फिलिप एस. फोनर, प्रस्तावना- एंजेला वाय. डेविस, आकार बुक्स 2014
25. *सिंडरेलाज़ सिस्टर्स: अ रिवीज़निस्ट हिस्ट्री ऑफ़ फुटबाइंडिंग*, डोरोथी के. ओ., यूनिवर्सिटी ऑफ़ केलिफ़ोर्निया प्रेस, 2005
26. *इंटिमेट चाइना*, एलिशिया लिटल, हचिंसन एंड कम्पनी, फिलाडेल्फिया, 1899
27. *नो वुमंस लैंड*, सं.- ऋतु मेनन, काली फ़ॉर वुमन, 2004
28. *पाकिस्तानी स्त्री : यातना और संघर्ष*, ज़ाहिदा हिना, अनुवादः शकील सिद्दिकी, वाणी प्रकाशन, 2014

29. *पीपल्स मूवमेंट्स इन पाकिस्तान,* असलम ख़्वाजा, अनुवाद- नूर ज़हीर, द मार्जिनल पब्लिकेशन, 2017
30. *फ्रीडम .फ़ेबल्स,* रुकैया सखावत हुसैन, बांग्ला से अनुवाद- कल्याणी दत्त, ज़ुबान, 2019
31. *मेरे बचपन के दिन,* तस्लीमा नसरीन, अनुवादः अमर गोस्वामी, वाणी प्रकाशन, 2000
32. वर्जीनिया वूल्फ़, *अपना कमरा,* अनु. गोपाल प्रधान, संवाद प्रकाशन, 2002
33. महादेवी वर्मा, *आत्मिका* की भूमिका, राजपाल एण्ड सन्ज़, दिल्ली, 1983
34. *विमेन एंड चाइनाज़ रेवोल्यूशंस* गेल हर्शैटर, रोमैन एंड लिटलफ़ील्ड, 2019
35. *अ .फ़ोरगॉटन लिबरेटर, द लाइ.फ़ एंड स्ट्रगल ऑ.फ़ सावित्रीबाई फुले,* सं.: ब्रज मोहन मणि, पामेला सरदार, माउंटेन पीक, नई दिल्ली
36. *मैपिंग दलित .फ़ेमिनिज़्म,* अनंदिता पैन, सेज, 2021
37. *महात्मा ज्योतिबा फुले रचनावली,* सं.- एल.जी. मेश्राम, राजकमल प्रकाशन, 2019
38. द *इमर्जेंस ऑ.फ़ .फ़ेमिनिज़्म,* फ़ेमिनिज़्म इन इंडिया 1850-1920, पद्मा अनागोल, रूतलेज, 2017
39. *.फ़ेमिनिज़्म एंड पोस्ट .फ़ेमिनिज़्म,* सं.- साराह गैम्बल, रूतलेज, 2017
40. *इंडियन स.फ़रेजेट्स,* सुमिता मुखर्जी, ऑक्सफ़ोर्ड यूनिवर्सिटी प्रेस, 2018
41. विमेन इन रशिया, सं- डोरोथी एट्किंसन, एलेक्ज़ेंडर डेलिन और गेल वॉरशॉफ्स्की लैपिडस, स्टैनफोर्ड यूनिवर्सिटी प्रेस, कैलिफ़ोर्निया, 1977
42. द *लाइ.फ़ ऑ.फ़ अ रशियन वुमन डॉक्टर,* अ साइबेरियन मेमॉयर (1869-1954), अनुवाद और सम्पादन-एन्न डी. रासवीलर,

प्राक्कथन- एडिल. एम. लिंडनमायर, इंडियाना यूनिवर्सिटी प्रेस, 2004

43. *अ हिस्ट्री ऑफ़ विमेन इन रशिया,* बारबरा एवांस क्लिमेंट्स, इंडियाना यूनिवर्सिटी प्रेस, 2012
44. *वुमेन लिबरेशन मूवमेंट इन रशिया,* रिचर्ड स्टाइट, प्रिंसटन यूनिवर्सिटी प्रेस, न्यू जर्सी, 1990
45. *द दोमोस्त्रॉय, द रूल्स फ़ॉर रशियन हाउसहोल्ड इन द टाइम ऑफ़ इवान एंड टेरिबल,* सं और अनुवाद- केरोलिन जॉनस्टन पाउंसी, कॉर्नेल यूनिवर्सिटी प्रेस, इथाका एंड लंदन, 1994
46. *इंडियन सफ्रेजेट्स,* सुमिता मुखर्ज़ी, ऑक्सफ़ोर्ड यूनिवर्सिटी प्रेस, 2018
47. रीकंस्ट्रेक्टेड लाइव्स, विमेन एंड ईरांस इस्लामिक रेवोल्यूशन, हालेह अस्फांदियारी, द वुड्रो विल्सन सेंटर प्रेस, वॉशिंग्टन, 1997
48. *आन्ना कारेनिना,* लेव टॉल्स्टॉय, राजकमल विश्व क्लासिक, अनु. डॉ. मदनलाल मधु, संस्करण 2010

जर्नल

1. *बारबरास्मिथ,* रेसिज़्म एण्ड वीमेंस स्टडीज़, *फ्रन्टियर्स : अ जनरल ऑफ़ विमेनस्टडीज़,* खंड 6, अंक 1, 1979
2. *वुमंस मूवमेंट एंड चेंज इन वुमंस स्टेटस इन चाइना,* युहुई ली, *जर्नल ऑफ़ इंटरनेशनल वुमंस स्टडीज़,* वॉल्यूम—1, नम्बर-1, 2000

वेबसाइट्स

1. https://www.thecut.com/2017/11/i-want-a-wife-by-judy-brady-syfers-new-york-mag-1971.html
2. https://blogs.loc.gov/loc/2020/05/stone-blackwell-marriage-to-love-and-honor-but-not-obey/
3. https://www.loc.gov/exhibitions/women-fight-for-the-vote/about-this-exhibition/seneca-falls-and-building-a-

movement-1776-1890/family-friends-and-the-personal-side-of-the-movement/love-and-protest-in-a-suffrage-marriage/?loclr=blogloc
4. https://www.allisonbolah.com/site_resources/reading_list/Walker_In_Search_of_Zora.pdf
5. http://mainstreamweekly.net/article10580.html
6. https://www.thehindu.com/books/literary-review/Still-I-Rise/article14495892.ece
7. रेख्ताडॉट ओ आर जी
8. गद्य कोश डॉट कॉम

स्थापित 1912
100 वर्षों की
श्रेष्ठ प्रकाशन परम्परा
राजपाल

राजपाल एण्ड सन्ज़ की स्थापना एक शताब्दी पूर्व 1912 में लाहौर में हुई थी। आरम्भिक दिनों में अधिकतर धार्मिक, सामाजिक और देश-प्रेम की पुस्तकें प्रकाशित होती थीं और हिन्दी के अतिरिक्त अंग्रेज़ी, उर्दू व पंजाबी भाषा में भी पुस्तकें प्रकाशित की जाती थीं।

1947 में भारत-विभाजन के बाद राजपाल एण्ड सन्ज़ को नए सिरे से दिल्ली में स्थापित किया गया और साहित्यिक पुस्तकों के प्रकाशन का आरम्भ हुआ। रामधारी सिंह दिनकर, महादेवी वर्मा, बच्चन, अज्ञेय, शिवानी, आचार्य चतुरसेन, विष्णु प्रभाकर, राजेन्द्र यादव, मोहन राकेश, रांगेय राघव, कमलेश्वर और अन्य साहित्यिक लेखकों की कृतियाँ यहाँ से प्रकाशित होने लगीं। राजपाल एण्ड सन्ज़ से प्रकाशित *मधुशाला, कुरुक्षेत्र, मानस का हंस, आवारा मसीहा, कितने पाकिस्तान, आषाढ़ का एक दिन* जैसी पुस्तकें हिन्दी साहित्य की 'क्लासिक पुस्तकें' मानी जाती हैं और आज भी लोकप्रियता के शिखर पर हैं। भारत के राष्ट्रपतियों और प्रधानमंत्रियों की पुस्तकें प्रकाशित करने का गौरव भी राजपाल एण्ड सन्ज़ को प्राप्त है। नोबेल पुरस्कार से सम्मानित अर्थशास्त्री डॉ. अमर्त्य सेन की सभी पुस्तकों के हिन्दी अनुवाद यहाँ से प्रकाशित हैं। अन्तरराष्ट्रीय चर्चित पुस्तकों के अनुवाद, विश्वविख्यात कोशकार डॉ. हरदेव बाहरी द्वारा सम्पादित 'राजपाल' शब्दकोशों की शृंखला और किशोरों के लिए सैकड़ों पुस्तकें राजपाल एण्ड सन्ज़ से प्रकाशित हुई हैं।

पाठकों के स्वस्थ और सुरुचिपूर्ण मनोरंजन और ज्ञानवर्धन के लिए समर्पित राजपाल एण्ड सन्ज़ से हिन्दी और अंग्रेज़ी में पुस्तकें प्रकाशित होती हैं जो देश के सभी बड़े पुस्तक-विक्रेताओं और विश्व भर के ऑनलाइन विक्रेताओं के यहाँ उपलब्ध हैं।

राजपाल एण्ड सन्ज़

1590 मदरसा रोड, कश्मीरी गेट, दिल्ली-6, फोन: 011-23869812, 23865483
email: sales@rajpalpublishing.com, facebook: facebook.com/rajpalandsons
website: www.rajpalpublishing.com